마침내 스며든다
번잡함을 다 몰고서
오래 그랬던것처럼 스며든다
당신에게서 또 당신으로부터...
윤 영

마침내
스며든다

마침내 스며든다

윤영 수필집

연암서가

지은이 **윤영**

경북 영덕에서 태어났다.

여행에서 돌아와 캐리어를 정리하는 일.
어린 망초잎을 삶아 햇살에 말리는 일.
지구본의 먼지를 닦으며 다음 여행지를 가늠해보는 일.
늙은 제라늄이 피워낸 홑겹의 흰 꽃을 보는 일.
저녁 6시 '세상의 모든 음악' 프로그램에 귀를 열어놓는 일.
'정원에 양배추와 마늘의 씨앗'을 뿌리는, '따뜻한 달걀을 거두어들이는'
   프랑시스 잠을 떠올려 보는 일.
이런 일상들에 만족하며 고만고만하게 산다.
문학상도 더러 받고 강의도 하고 좋은 사람 만나 술도 마시고
   주말에는 바다에서 놀다 자정 넘어 돌아온다.
몇 권의 책을 냈으며, 나름 '여성 군자'에 관심이 많아 논문을 발표하기도 했다.
어쨌거나 열 일 제쳐두고 수필 쓰는 일에 팔 할을 쓴다.
birchwood9@hanmail.net

마침내 스며든다

2025년 7월 20일 초판 1쇄 인쇄
2025년 7월 25일 초판 1쇄 발행

지은이 | 윤영
펴낸이 | 권오상
펴낸곳 | 연암서가

등록 | 2007년 10월 8일 (제396-2007-00107호)
주소 | 경기도 고양시 일산서구 호수로 896, 402-1101
전화 | 031-907-3010
팩스 | 031-912-3012
이메일 | yeonamseoga@naver.com

ISBN 979-11-6087-143-0 03810
값 17,000원

경북문화재단
이 책은 2025년 경북문화재단 예술작품지원사업 보조금을 받아 발간되었습니다.

작가의 말

 달포 전에 심어놓은 애플망고가 악어손 같은 잎을 내밀었다. 한나절 녀석과 말 걸고 노는 일. 오후에 들어 사흘 전 새벽 2시에 주문한 프랑시스 잠의 책을 읽는 일. 문장들은 건기에 빠져 있든 나를 적셔준다. 축복이다.

 나무 병에 우유를 담는 일,
 꼿꼿하고 살갗을 찌르는 밀 이삭들을 따는 일,
 암소들을 신선한 오리나무들 옆에서 떠나지 않게 하는 일,
 경쾌하게 흘러가는 시내 옆에서 버들가지를 꼬는 일.

 그의 시 「위대한 것은 인간의 일들이니」에 나오는 구절이다.

 그렇다면 나는?
 잘생긴 청년이 안겨준 편지를 읽고 샛노란 캐모마일 차를 마시는 일.

여행에서 돌아와 캐리어를 정리하는 일.

어린 망초잎을 삶아 햇살에 말리는 일.

지구본의 먼지를 닦으며 다음 여행지를 가늠해보는 일.

늙은 제라늄이 피워낸 홑겹의 흰 꽃을 보는 일.

저녁 6시 '세상의 모든 음악' 프로그램에 귀를 열어놓는 일.

그리고 '정원에 양배추와 마늘의 씨앗'을 뿌리는, '따뜻한 달걀을 거두어들이는' 프랑시스 잠을 떠올려 보는 일.

그래봤자 그와 나는 다르다. 그는 육체노동에서 생명과 치유를 느끼며 '하는 일'이고 나는 순전히 가벼운 감정소비만 하는 '보는 일'이 주를 이룬다. 그러함에도 그와 나 사이에는 각기 다른 언어지만 글을 쓰는 텃밭이 공존한다는 사실에 안도한다.

얼마 전이었다. 나는 스페인에서 피레네산맥을 거쳐 남프랑스로 건너갔다. 끝도 없이 달릴 때 설산과 아몬드나무의 꽃과 올리브나무와 유칼립투스에 꽂혀 저 산맥 어딘가에 프랑시스 잠이 평생 사랑과 생명을 노래하며 살던 '오르테스'가 있다는 사실을 미처 몰랐다. 미리 알았더라면 창문 열고 한 번 더 심호흡했을 것이고 그의 작품을 한 번 더 읽었을 텐데. '어두운 벽난로와, 옴 오른 늙은 고양이와, 잠든 티티새와, 즐겁게 노는 어린아이들 옆에서 낡은 구두를 수선하던' 그를 떠올리고선 좀 더 프랑시스 잠에게 스며들었을 텐데…….

이제 와 그런 생각을 가져봤자 어쩌겠냐마는 오랜시간 허한 내면이 잡히질 않았다.

그럭저럭 네가 내게로 참 잘 스며든 하루.

오일장에 늘린 물건 같은, 지천에 흩어지고 넘어지고 부러진 글을 모아 또 한 권의 노트를 펼친다. 불현듯 삼거리에 있던 가게 '골치아픈집정리'가 떠오른다.

부디 골치 아픈 책이 아닌 새알꼽재기만큼이라도 위로받을 수 있는 처방전이 되길 고대한다. 당신에게서 또 당신으로부터 번잡함을 다 묻고서 으레 그런 것처럼 '마침내 참 잘 스며들었소'라는 무언의 눈빛 하나 건네준다면 그것 또한 영원인 것이고.

2025년 6월

윤 영

차례

작가의 말 • 5

제1부 여자의 노트 …13

발가벗은 세탁기 …14

축산 할매와 병곡 할매 …19

그들만의 세상 …22

미몽 …26

씨 …30

채용 여사 잔칫날 …34

김치의 생, 막개댁의 생 …36

작정하고 훔쳐보기 …41

광산김씨네 엘레지 …44

미륵골에서 쓰는 편지 …49

날이 좋아 걸었다 …54

하룻고양이 범 무서운 줄을 …58

이래서 여태 여기에 산다 …61

한밤중에 찾아온 손님 …67

벽 …71

연당의 여인 …76

제2부 짧은 노트 …81

안개에 깃들다 …82

행운을 훔칠 결심 …85

사고뭉치등거리 …88

있고 없음에 대한 단상 …91

오늘은 간에 붙고 내일은 쓸개에 붙고 …94

새들은 그렇게 죽어 갔다 …97

펜에 대한 보고서 …99

어떤 풍경 1 …102

어떤 풍경 2 …105

마침내 스며든다 …108

홍합탕을 끓이는 겨울 오후 …110

후유 다행이다 …112

콩시루 세상만사 …114

동백이가 사라졌다 …117

제3부 **방랑자의 노트** ...121

그 겨울 불영사 ...122

막차를 타며 첫차를 떠올린다 ...127

뜬금없이 ...131

너와 나 ...134

오류의 밤 ...137

두 개의 창 ...142

장막 하나쯤은 ...145

블라인드 북 ...148

낱낱이 아프다 ...152

방랑자들 1 ...156

방랑자들 2 ...159

흰 그늘 ...162

나 ...166

달마가 경비실 앞으로 간 까닭은 ...171

제4부 **여행자의 노트** ···175

목탄화의 땅―몽골···176

돛으로 떠나고 닻으로 돌아오다 ···180

달달하게 혹은 아련하게···184

무흘구곡을 거쳐 청암사 가는 길···189

애가의 땅―베트남···194

어느 날 그대가 내게로 왔다···197

라오스에 들어온 그 남자···202

그가 나를 또 불러들였다···205

스칸디나비아반도에 머무는 중입니다···210

너는 광활리에서 나는 구만리에서···217

석남사에 가서···221

덤···226

리라와디···231

언젠가 코케에서···234

라 코퀼 나폴레옹에 머물고 있는 사소한 슬픔···239

하리―동쪽 유럽을 거닐며···243

서리―지중해에서···248

제1부

여자의 노트

발가벗은 세탁기

엄마는 6남매 중에서 유독 둘째 딸인 나의 가난을 아파하셨다. 단지 김치냉장고와 드럼세탁기가 없다는 이유로 불효녀가 되고 말았으니. 당신은 찬 우물에 띄우던 수박, 얼음 깨고 손빨래하던 그 시절이 몸서리쳤을까. 오로지 번쩍번쩍 빛나는 전자제품이 많을수록 부자라고 생각했던 모양이다. 그런 엄마의 딸임에도 불구하고 나는 최첨단을 앞서가는 전자제품이나 기계류에는 관심이 없었다. 그것은 지금도 마찬가지다. 피복 벗겨진 전선에 검정 테이프를 칭칭 감아 놓은 청소기. 20년은 됨직한 냉장고와 세탁기. 하물며 그 흔한 에어프라이어나 건조기조차 없다. 나는 회색빛의 전자기기들이 들어앉을 공간에 이왕이면 식물을 들이거나 책을 앉혀야 배가 부르다. 물론 편리보단 몸을 소비하는 주의이기도 하다.

마침내 늙다리 세탁기가 우당탕 소리를 내며 멈추었다. 기사를 불렀더니 균형추며 자동 센서가 망가졌단다.

"이 제품이 오래되어 부품 단종입니다. 그냥 수동으로 맞출게요."

어지간하면 새로 구매하라는 남편의 핀잔에도 고집을 부렸다. 까짓거 수동이면 어떤가. 세탁기 본인이 단순하게 살고 싶다는데. 그냥 빨고 헹구어 주고 짜주는 본래의 기능으로 돌아가고 싶다잖아. 녀석이 명료하게 깨달은 거라고 사족을 덧붙여 남편한테 설명했다. 물론 세제와 섬유유연제조차 눈대중으로 넣을 수밖에 없으니 불편함이야 내 몫일 테고. 울 코스나 찌든 때, 급속세탁, 세탁물의 무게를 감지해 자동으로 조절되던 기능도, 남은 시간을 알려주는 휘슬도 과거형일 뿐이지만 문제가 되지 않는다.

돌이켜 생각해보면 세탁기는 어느 순간부터 아프다는 전언을 보내올 때가 있었다. 미련한 내가 몰랐을 뿐인 게지. 그즈음 내 몸도 미세한 신호를 보내왔다. 어느 토요일 새벽 옆구리의 격심한 통증으로 식은땀을 흘리며 기절했다. 요로결석이었다. 욕실에 쪼그리고 앉아 운동화를 빨다 허리가 무너졌다. 밤낮으로 자판을 두드리다 보니 석회가 염증을 일으켜 어깨까지 탈이 났으니. 콩팥에 돌을 깨고 석회를 깨고 한 걸음도 옮기지 못하는 요통으로 응급실행이 몇 번이었던가. 이번엔 덜컥 대상포진이 찾아왔다. 몸의 중심부들이 하나둘 삐거덕하자, 민둥산에 홀로 앉아 있는 낭패감.

우당탕 소리는 수동으로 바뀐 후 제법 줄었다. 심지어 뚜껑을 덮지 않아도 세탁에서 탈수까지 된다는 사실이 믿기지 않았다. 나는 부러 발가벗은 통 안을 살피곤 한다. 쏟아지는 물줄기에 마사지 받듯 두 손을 밀어 넣는다. 정녕 이보다 자유로울 수 있을까. 남편의 티셔츠 양팔과 나의 긴 남방 양팔이 팔짱을 끼고 뒤엉킨다. 바짓가랑이와 원피스 하단의 뜨거운 포옹. 그들의 격렬한 사랑놀음도 물세례에 잠시 쉬는 사이 나는 자그마한 서재 침대에 누워 최고의 휴식을 즐긴다.

여름한철엔 침대와 세탁기 사이에 있는 유리창을 한 방향으로 밀어 놓고 창가에 꽃과 나무를 앉힌다. 자못 큰 행운목이 떡잎 없이 쭉 뻗었다. 수경재배로 키우는 테이블야자며 제라늄은 어지간한 청년보다 튼실한 뿌리를 자랑한다. 씨앗으로 촉을 틔운 방울토마토는 잎에서 곧잘 토마토 향을 내주니 기특하기 그지없다. 산바람과 강바람에 수시로 잎을 뒤집는 유칼립투스는 말해 뭐 하랴. 특히 내가 덮고 있는 흰 아사 이불 위까지 길게 늘어뜨린 아이비에 코를 박는 지금 요란한 매미 울음을 듣노라면 시답잖은 일상도 고매한 일상으로 번진다. 이쯤이면 정비석의 『산정무한』을 충분히 느끼고도 남음이다.

알몸을 드러낸 그는 여전히 회전을 반복하며 남루하든 명품이든 차별 없이 남의 삶을 알뜰하게 씻는다. 나는 평생 내 몸 하나 건사하는 것만으로도 늘 힘에 부치지 않았던가. 바람이 테이블 야자를 흔들었다. 물 들어간다. 분희네 텃밭을 지나 돌계단을 내려가면 만나지는, 거랑 물소리나 진배없다. 서너 차레 헹굼이 시작되었다. 숙희가 가져온 빨랫비누로 개골창에 앉아 동무들과 입고 있던 난닝구와 빤스를 조물조물했다. 치대고 치대도 희멀건 물은 물방개가 만든 파문처럼 퍼져나갔다. 탈수의 시간. 1분 정도 가쁜 호흡을 몰아쉬며 드디어 힘겨운 마침표를 찍는 녀석. 노르웨이 남서부 플롬에서 뮈르달까지 가파른 경사도를 탈탈거리며 오르던 산악열차가 겹친다. 한낱 낡은 기계에 불과한 그에게서 단순한 감정을 넘어선 살 냄새가 왜 났을까.

회피할 수 없는, 일련의 동정이었을까. 돌아보면 동정은 허다했다. 이제 당신은 김치냉장고와 드럼 세탁기가 없다는 이유로, 둘째 딸의 가난을 걱정하지 않아도 되는 세상으로 건너갔다. 그 틈바구니에서 당신이나 나나, 세탁기의 정교했던 몸들이 무너지기 시작한 거지. 어쨌든 낡고 해진 부제품들을 떼어내고 그리 멀지 않아 보이는 입적을 두고서도 제 일을 해내는 녀석. 아파보니 알겠더라. 잘린 도마뱀의 꼬리처럼 새 꼬리가 돋아나진 않지만, 상처 뒤에는 늘 치유가 기다리고 있다는 거. 이제 이력이 붙어 꺼릴 것이 없다. 아픔도 자연의 현상이라 인정하니 두렵지 않더라는 거.

우린 한때 '안전지대'에서 참하게 살았으니 뭐……. 신의 손길로 빚어진 몸이라 생각했다. 그러니 어긋난다거나 불안 따위를 걱정한다거나 이런 일은 생각지도 않았다. 언제나 붉은 꽃을 피우는 칸나의 시절. 공장에서 갓 나온 새 제품의 성질, 간혹 스위트한 와인에서 드라이한 와인 저장고로 넘어가는 정도쯤은 벗어났지만.

    그만큼 오래된 것들은 제 몸 어딘가에 일종의 무늬를 새겨 파장을 보낸다. 발가벗은 몸까지 내보이며 힘겹게 가고 있는 그대. 한풀 낡아가며 서럽게 오고 있는 나. 부디 극락처럼 건너가거라.

축산 할매와 병곡 할매

 엄마는 뇌경색으로 세 번의 수술을 받았다. 후유증 탓인지 본래의 모습을 기대한다는 건 욕심이었다. 남녀노소를 불문하고 지나가는 사람들을 어루만지거나 손을 잡았다. 그 일도 심드렁해지면 밖으로 나가자고 십여 분 간격으로 졸랐다.
 "야야 나를 바구니에 담아 옥상 꽃밭에 던져놓고 가거라. 까마귀랑 놀구러. 지은 죄도 그리 많지 않구마는 왜 자꾸 병실에 감옥살이 시키노."
 예의 그 바구니라는 휠체어에 엄마를 앉혀 병원 담벼락을 따라 야트막한 산책로를 돌았다. 십자가가 보이면 기도하랴 새들에게 손 흔들랴 바쁘다. 날이 차가운지 이내 들어가자고 난리다. 할 수 없이 병원 옥상에 자그마하게 꾸며 놓은 꽃밭 가운데 엄마를 모셔놓고 찬송가를 틀어주었다. 때론 고개 숙인 해바라기였다가 때론 박꽃으로 핀다. 조용하다. 순식간에 꽃 몇 송이를 댕강댕강 잘라 무릎 위에 얹어 놓았다.
 "엄마 와 자꾸 꽃을 꺾노?"

"머리에 혹불 난 젊은 새댁이 하고 영덕 축산 할매 줄라꼬."

머리에 혹이 난 새댁은 같은 병실의 환자이며 축산 할매는 재활치료를 받으면서 알게 된 동향의 할머니였다. 두어 달 지내는 동안 서로가 온전치 못한 정신으로 동무처럼, 자매처럼 가까워졌다. 작업치료를 하면서 콩을 컵에 옮기는 일이 힘들고 물리치료사 가시나는 아프게 만진다고 짝짜꿍 말 맞춰 흉을 본다. 성치 않은 입놀림으로 절반의 언어는 새어 나가고 절반은 알아듣기도 어렵지만, 죽이 척척 맞았다. 서로의 얼굴을 두드려 주기도 하고 눈을 감고 떴다 돌리기도 하며 목을 돌리고 소리 내어 서로의 이름도 부르며 좋아라 한다.

"참 그짝은 영해 어느 미용실 가니껴?"

"나는 옥이미용실 가니더."

"글니껴 나는 현미용실 가니더."

"우리는 머리 볶으마 집까정 원장 선상이 태워주니더."

"우리도 집까정 태워주는 거야 기본이제요. 영해 장날에 맞춰 가모 할매들 서너키 모여가아 밥 비벼 먹는 재미가 원카 좋아서 맨날 장날만 기다리제요."

"아이구 우리 얼렁 나사 가지고 같이 머리 뽂으러 가시더."

"이제 집으로 돌아가낼똥 몰시더. 아무래도 못 돌아가지 싶니더 안 글리껴."

엄마는 까마귀를 또 부른다.

"니는 저 새 이름이 뭔지 아나?"
"까마귀잖아."
"야야 저 새는 넋이새란다. 사람이 죽으면 그 사람이 생전 이루지 못한 한을 넋이새가 다 이루어서 돌아온다는 새라네."
 나는 한마음 부릴 곳이 없어 애먼 꽃잎의 잎사귀를 똑똑 딴다.

그들만의 세상

 집 앞에 도매시장이 오픈했다. 무슨 빽 가진 친인척 연줄이라도 닿은 듯 어깨에 힘이 들어간다. 그렇다고 공짜로 나누어 줄 것도 아닌데 말이다. 자고 일어나면 눈덩이처럼 불어나는 물가를 보니 한숨부터 나오는 요즘. 가정주부라면 누구나 공감할 수 있을 것이다. 그러니 '도매'라는 단어에 직시감이 들지 않을 수 없다. 바짝 오른 물가에서 살짝 하향곡선을 내려오는 그래프를 떠올리는 것만으로도 여유롭지 않은가.

 오픈 퍼레이드카가 동네를 배회하고 키다리아저씨 같은 인형이 종일 춤을 추며 고객을 맞는다. 홍보 전단은 미끼였던 것일까. 막상 매장을 보고 나니 적잖이 놀랐다. 배추 한 단에 19,000원. 오이 두 개 5,000원, 눈동자 희멀건 동태 한 마리에 10,000원이 붙었다. '도매'라는 단어에서 착한 가격을 고대했지만, 도매든 소매든 오일장이든 하늘 높은지 모르고 치솟는 장바구니 물가를 보면서 한숨만 늘었다. 마지못해 유통기한 얼마 남지 않은, 우유 두 통을 사서 냉장고에 넣어 놓고 횡재라도 만난 듯 집앞에 있는 공원으로 갔다.

 우린 아주 오래전 박씨 가문 삼정승(영의정, 좌의정, 우의정을 배출한 집안) 고분 옆에서 천날만날 시장을 열었다. 자그마하지만 손님이 원하면 요술램프의 지니는 즉각 '뚝딱 째깍 짠……' 하며 소원을 이루어 주었다.

 순옥이가 지점장으로 있는 은행에 떡갈나무 이파리나 칡넝쿨 잎을 차곡차곡 고무줄로 묶어 저축했다. 영희네 농기구 가게에서 솔방울을 사서 담을 쌓고 솔잎으로 울타리를 쳤다. 식당을 하던 분희는 푸르스름한 잎 돈을 내밀며 그릇 가게를 하던 내게로 와서 길쭉한 홍합이나 둥근 백합 껍데기. 깨진 항아리 조각, 구멍 난 양은 도시락을 사서 갔다. 잎돈 열 장쯤 내밀면 깨꽃, 싸리꽃. 아카시아 꽃숭어리, 온갖 풀꽃으로 비빔밥을 만들어 내밀었다. 정자는 망개나무 열매나 명아주 어린잎과 물레나물을 마련해 놓고 채소 가게를 열었다.

 사기꾼 따윈 걱정하지 않아도 되는 세상이었다. 태어나서 사기꾼을 본 적이 없었으니까. 울타리 문을 열어놓고 숙희네 미용실을 찾았다. 칡넝쿨 지폐를 맡기는 날이면 봉숭아 꽃잎을 짓이겨 손톱에 올려준다거나 숯으로 눈썹을 그려주었다. 한잠 자고 일어나면 아카시아 잎줄기로 땋은 머리카락은 벙근 파마로 바뀌어 있었다. 풀때기 시장놀이도 지겨울라치면 죽은 지렁이 위를 까맣게 잇는 개미를 잡아 팔기도 했다. 금세 가게를 바꾸기도 했다. 삼정승 봉분 한쪽을 겁도 없이 야금야금 파낸 흙과 향로석에 고인 물을 섞어 떡을 만들어 돌렸다.

꽃잎 아로새겨진 향로석 고인 물에 개미, 깨벌레, 송충이를 넣어놓고선 오후 나절 나뭇잎 돈이 꾸들꾸들 말라가면 일제히 떡갈나무나 망개나무에 붙어 주머니가 볼록하도록 돈을 따 모았다. 키 큰 나무에선 다람쥐가 응원하고 메밀밭을 휘휘 젓던 참새가 잎 돈에 똥을 휘갈겨도 그저 평화롭기만 했던 시장. 종내에는 분희네 염소가, 영호네 암소가 시장바닥까지 찾아와 멀구장 같은 까만 눈을 들이밀며 집으로 가자고 보챘다.

희망하고 원하면 이루어지는 세상이 그 시장에 있었다. 자연 그대로의 산천초목은 우리에게 무엇이든 살 수 있는 돈과 끊임없는 먹거리를 제공해 주었다. 고관대작의 고분까지 파헤쳐 떡을 만들고 문서 한 장 없이 하루에 수십 채의 건물을 지었던 동무들.

경제 관념이라고는 한 푼어치도 없는 조무래기들이 모여 만든 요술램프 시장이 가끔 그리울 때가 있다. 물론 그립다는 것은 절대 그 시절로 돌아가지 못한다는 것을 함의한다. 그러기엔 니체가 말하는 우리들의 정신이 어떻게 낙타가 되고 사자가 되고 아이가 되는지를 익히 알아 버렸다. 짐을 질 수밖에 없는 자와 반항하는 자, 삶이 목적이 아닌 놀이하는 아이들을 이미 경험해 버린 것이다. 따라서 그립다는 말은 더 사무칠 수밖에 없었고 간절하게 뱉을 수 있었다. 어느 곳에서 전쟁이 일어나는지 유가가 출렁이고 있는지 빙하가 녹고 있는지 별개인 세상. 별별 시장을 만들었던 아이들.

느닷없이 바람이 일자 떡갈나무가 '툭툭' 열매와 이파리를 떨군다. 과거로 돌아간다면 지금 눈앞은 온통 돈바람이잖은가. 혼자 피식 웃는다.

지금. 바로. 여기. 이곳을 제대로 누렸던 내 동무들. 가만히 그 옛날 동무들 곁에 살던 '지니'를 불렀다. 아무리 불러도 요술램프는 고요한데 납부해야 할 카드 결제일 알림만 으르렁거리는 현실. 참 고달프다.

미몽

 지인이 소읍에서도 상당히 떨어진 가야산 아래 시골집을 장만했다. 주말에만 쉴 요량이라 허름해도 참선 흉내 내기엔 좋으니 언제 한번 다녀가란다. 차일피일 미루다 그저께 잠시 들렀다. 마당에서 지붕까지 높이래야 어른 키 닿을 정도의 엎어진 양철집이었다. 서까래까지 회칠로 칠 범벅이지만 남쪽으로 틀어 앉은 집의 기운이 좋아 보였다. 그의 게으른 성격은 여과 없이 드러났으니. 마당과 텃밭의 경계를 허물어 잔 손길 가지 않은 더덕을 심어놓은 게 고작이었다.

 앞집 창고가 엉덩이를 빼고 둘러앉은 담벼락엔 불그죽죽한 담쟁이가 빼곡하다. 뒤란을 돌아가자 거둬들이지 못한 석류가 술에 찌든 김 초시 모양새로 쪼그라들었다. 대문을 나와 비탈길을 올랐다. 수로를 따라 내려 온 물줄기가 자그마한 연못에 다다르자 우렁찬 물소리를 낸다. 일찍 내려 온 산그늘은 길섶의 산국까지 지워간다. 제법 긴 산판길을 걷는 재미가 근사하다. 상수리나무 아래엔 산부추가 다북하고 도토리가 툭 떨어진다.

생소한 마을 갓길을 따라 가벼운 산책을 마치고 익숙한 내 집이라도 되는 듯 그 집으로 돌아간다. 마루 끝에 걸터 앉았다. 지는 가을볕 맑기가 이를 데 없다. 볕이 아까워 소쿠리에 가지나 토란을 널어놓고 손바닥만 한 햇살을 따라다니며 말린다는 어느 문인이 며칠 전 한 말이 떠올랐다. "자네도 마당 있는 집이 어울리니 여유가 되면 한 채 장만해봐. 사는 재미가 달아." 그 달다는 볕이 좋아 몸이 기운다. 신발마저 벗어놓고 마루에 덜컹 누웠다. 나는 벌써 이 집을 욕심 내고 있었던 젠가.

졸음에 겨워 어느새 잠으로 가더니 내가 애정하는 '霽月堂(제월당)'이라는 문패로 바꾸어 버렸다.

아침 내내 못 둑에서 이식해 온 달래를 텃밭에 심었더니 온몸이 빅직지근하다. 슈은 저상추를 비벼 점심을 먹고 나니 졸음이 쏟아진다. 한잠 자고 오후에는 읍내 대장간에 다녀와야겠다. 손잡이 편한 호미도 장만하고 오는 길에는 목장갑도 서너 켤레 사 들고 와야지. 할 일이 태산인데 게으름만 즐긴다. 이태 전에 사다 심은 만첩홍도는 어쩌자고 저리 아리게 붉어 애간장을 녹이는고. 묵은 김장을 품었던 항아리도 씻어 엎어야 할 텐데. 오리목 널빤지로 만들다 둔 테이블도 장마 들기 전에 마무리 지어야 하건만. 칠 벗겨진 문패는 또 어쩔까. 군일도 만들면 큰일이 되어 버리니 그저 즐길 수밖에.

담벼락엔 바람결에 날아와 지 몸 넌 지 몇 해 된 쇠스랑개비와 쇠별꽃이 어김없이 꽃을 내밀었다. 엉덩이 내민 이웃집 창고 앞에는 배롱나무와 자작나무가 제법 밑둥치를 키우는 중이다. 이사 오던 첫해. 봄비가 추적추적 오는 날 부엌방에서 정비석의 『산정무한』을 읽다가 자연 풍광에 꽂혔다. 그 길로 슬리퍼를 신은 채 읍내로 나갔다. 때마침 장날이라 두 그루의 묘목을 사다 심은 게 저 나무의 태생이 되었다.

바람 부는 날에는 이파리들 껴안는 소리로 고등어를 굽고 방풍에 냉이를 버무려 전을 부치는 호사를 누리고 싶었다. 적당히 소원은 이룬 셈이다. 여름이 오면 쪽창 밖으로 몽골의 대평원을 떠올리는 것도 좋다. 허옇게 덮었던 에델바이스와 흐미 음악을 들으며 흐르헉에 당근수프 먹던 여행을 끌어들이니 그저 그만이다.

장맛비가 내리는 날이면 양철지붕에 듣는 빗소리는 또 어떤가. 비 그친 해거름에 발길 두다 만난 문수사 주지 스님의 군더더기 없는 등을 보고 오는 날이면 비워내야지 먹은 넋두리는 좀 자주였던가. 자작나무 이파리가 채전밭을 나불나불 덮던 가을에 접어들면 사람이 그리웠다. 둔덕에 산국이 피었으니 서리가 내리기 전 다녀가라고 지인들에게 전화를 넣는 일도 그맘때였다.

애써 고마운 관계, 그리운 이들을 찾아 빚진 편지를 쓰는 저

녘도 늦가을 밤이었지. 그렇다. 찾아올 지인들을 기다리며 짬을 내 여행을 다녀오는 재미도 쏠쏠했다. 문살에 창호지를 바르고 지난해 말려두었던 단풍잎과 쑥부쟁이꽃을 붙이고 나면 서둘러 겨울이 왔다. 저녁을 일찌감치 먹고 두툼한 돋보기안경을 끼고 신문의 가로세로 낱말퀴즈를 풀어내다 밀쳐 두고 잠든 밤. 팽팽한 한지를 투과한 시린 달빛이 들이차는 새벽, 전선 우는 소리, 마른 가지 앓는 소리에 눈을 뜨면 적송 자락엔 흰 눈이 설경설경 내리곤 했었다. 이렇듯 제월당의 사계를 떠올리는 것만으로도 넉넉해진다.

불현듯 누군가 내 등짝을 후려친다. 어여 내려가잔다. 봄날이 오면 못 둑에 앉아 고기 구워 먹을 약속을 하며 내 집 아닌 내 집을 벗어난다. 비록 미몽에 불과하지만, 가을 한나절 잘 놀다 돌아간다. 혹여 다음 생이 있다면 그때는 좀 더 느긋하게 살리라. 하루하루를 재단하지 않고 스케줄에 얽매이지 않으리라. 걸러 낼 것도 없이 온전하게 생것을 받으리라. 비 갠 후의 달빛을 온몸으로 느껴보리라. 그리 퍼질러 앉아 만발한 생을 살다가 잎사귀 지듯 홀연히 돌아가리라.

씨

 광대뼈가 불룩한 여자가 남자에게 반지를 내민다.
 "제발 나를 좀 죽여주세요. 부탁입니다."
 아무리 상대가 원한다지만 어디 사람을 죽인다는 게 누운 소 등에 올라타듯 쉬운 일은 아니잖은가. 죽음조차 뜻대로 되지 않음에 그녀는 무너지는 듯하나 미적지근한 얼굴로 나간다. 가여운 것. '그까짓 거 오늘만 날이 아니지, 다음에 죽으면 되지.'라는 표정으로 여자는 불구덩이 같은 목화밭에서, 수수밭에서 수백 파운드의 일을 우적우적 해치운다. 몸서리친다. 이 장면은 영화 〈노예 12년〉에서 소름 돋도록 처절했던 장면이었다.
 1840년대 미국은 노예 수입을 금지하자 흑인들을 납치하여 도망친 노예로 둔갑시켜 신분 세탁을 해서 팔아넘기는 일이 비일비재했다. 물론 이 영화는 '솔로몬 노섭'이라는 흑인 노예 음악가를 실화로 담아냈다. 하지만 나는 '팻시'라는 여자 조연한테 연민이 이동해 갔다. 팻시는 농장에서 유일하게 우정을 나누었던 솔로몬에게 농장주 아내의 반지를 훔쳐 내밀면서 제발 죽여 달라고 애원했다. 백인 농장주의 성폭행, 피 터지는 학대, 동물 취급하며 일개 소모품으로 전락하고 있는 자신의 정체성이 견딜 수 없어 생각한 차선의 방법이었다. 다른 한편에서 화면은 슬쩍슬쩍 농장주에게 관심받고 싶어 하는 노예들의 심리를 보여준다. 비참함에서 찾은 살고 싶은 욕망이 아니겠는가. 처처하게 대물림되는 흑인 여성사의 연민. 그니들의 삶이 지난하다.

 영화가 끝났다. 나는 볼품없는 화분을 보고 있다. 두어 해 전 봉정사 오르는 길에 갈무리한 목화를 일전에 심어놓았던 게다. 복슬복슬한 솜을 발라낸 씨앗에 따듯한 물을 부어 키친타월을 덮었다. 며칠 후 돋아난 새싹을 흙으로 옮겨 심었지만, 끝내 곰팡이가 슬더니 문드러지고 말았다. 탐스러운 꽃과 초록의 둥근 다래와 앙증맞게 들앉은 목화는 일장춘몽이었다. 문드러진 목화 씨앗을 보고 있자니 수십 년 전 한 여인이 떠올랐다.

 읍내 삼거리 외아전 어르신네 용마루 이운 기왓골에 이끼가 잔뜩 뒤덮였다. 어느 한 시절 불리던 호칭은 누대에 걸쳐 넌출넌출 이어졌다. 어디쯤에서 그칠까. 얼음장이던 본처는 혈육을 얻지 못했다. 집안의 혈통을 이을 여자를 들인 건 이미 내가 태어나기 전의 일이었다. 씨받이를 들이는 일은 그리 쉬운 게 아닌 모양이었다. 정실부인의 동의를 얻고 아들을 낳을 수 있는 관상을 선택하고 돈을 지불한다고 한다. 월경에 맞춰 면

포에 나온 색으로 합방을 했다는 관습이 있다. 금빛일 때는 잉태의 적기였으며 선홍빛이나 깊은 연못 같은 청담빛 혈이 묻어날 때는 기가 지나치거나 강하다 하여 피했다고 한다. 장지문 밖에선 무당이 경을 읽는 집도 있었다니.

  외아전 어르신네 씨받이 여자는 엉덩이가 넙데데하게 갈라지고 목청이 좋았다. 질 좋은 씨앗을 골라 받기 위함이었겠지만 하늘도 무심하게 두 아이를 낳았지만, 언니는 칠푼이에 동생은 팔푼이었다. 금빛 혈에 가진 합방이 아니었을까. 메주콩 두 되에 좁쌀 한 홉을 가져오라면 메주콩 한 말에 좁쌀 한 자루를 낑낑거리며 들고 왔다. 칠푼 같은 언니야 돈깨나 들고 귀한 대접을 받으며 도처로 유학길에 떠나고 남은 동생은 정실부인의 장죽에 얻어맞아 이마빼기는 자주 붉었다. 그러거나 말거나 후덕하고 귓불 두꺼운 외아전 어른은 쌩그레하게 웃기만 할 뿐 당최 말이 없었다. 비녀 찌른 쪽머리에 생담배 연기 뱉어내며 대청마루를 탕탕 치던 본처는 작두날만큼이나 서슬이 푸르렀다. 학교에서 만날 때마다 그 아이의 입가는 자주 피가 맺혀 있거나 눈두덩이 부어 있었다.
  푼수에 머저리 자식을 낳아 주고 여인은 윗마을에 자그마한 집을 구했다. 그녀만의 풍부한 시너지는 아침저녁으로 녹음기 볼륨을 올려 골목길을 트로트로 채웠다. 평상에 반쯤 누워 장단을 맞춰가며 엉덩이를 실룩이던 여자. 그럼에도 외롭거나 스산해 보인 이유는 무엇이었을까. 나는 그녀가 언제 그 집을 벗어났는지 기억이 없다. 이십여 년이 흘렀을까. 서슬 푸르렀던 외아전 어르신네 본처가 하늘로 간지 몇 해가 흐른 후였다. 후미진 개울가 비어 있던 빈집 텃밭에 쪽파가 짙어지고 빨랫줄에 월남치마가 걸렸다. 녹음기 대신 서랍장만 한 전축에서 〈동백 아가씨〉나 〈눈물 젖은 두만강〉이 흘러나왔다.

 오랫동안 햇볕으로 나오지 못했던 여자. 응달에서만 불리던 씨받이라는 이름. 종족을 지키기 위한 희생의 방편이기에는 거래라는 모종의 관계가 싸고돌았을 터. 나는 그때 숨어 들려오는 비릿한 이야기들을 천박하거나 헤프다고 생각했다. 문득 영화 한 편에, 마른 씨앗에, 씨받이 그 여자를 떠올리다 제풀에 와락 무너지고 만 것이다. 새삼 이 시대가 만들이 낸 비인간적인 풍습, 수난받으며 감당해야만 했던 여인들의 굴곡이 아리다. 감히 천박하다고 섣불리 판단했던 나의 무지몽매가 부끄러울 수밖에.

 파 놓은 두덩이 깊다. 깊어도 너무 깊다. 있는 힘을 다하여 흙을 돋워도 발아되지 못하는 씨앗. 아무리 모든 씨앗의 촉수가 처음부터 죽음을 향해 뻗어 있다지만 더러 발아되어 꽃도 좀 피우고 살다 가며 좀 좋은가. 그렇지만 나는 여전히 먼 곳에서 우두커니 바라보는 관객이나 다름없잖은가. 이러구러 무정히 답 없는 글이나 적을 수밖에 없음이.

채용 여사 잔칫날

청송 주산지 아래 펜션으로 6남매가 모여들었다. 개골창 나무는 살갗이 터져 잎과 꽃을 피워냈지만, 느지막이 내린 사월 봄눈이 허옇다. 그리 잘나지도 못나지도 않은 고만고만한 자식에 사위, 며느리 손자 손녀들이 다 모이니 당신 표정 안온하다. 뜨신 방에 등 맞대고 '깔깔 흐흐' 수런수런 밤 길다. 창으로 오리나무 어리고 이슥도록 호랑지빠귀 울음 그칠 줄 모르는 저녁.

아침이 되자 광산김씨 김채용 여사의 팔순 잔치 플래카드가 내걸렸다. 수륙진미를 벌여 놓은 진연상은 아니지만, 바글바글 끓는 미역국에 당신 좋아하는 음식들로 상다리 휘어진다. 꽃바구니, 돈바구니가 오르고 손자 손녀들이 내미는 선물증정식에 괜히 허리에 두른 복대를 풀었다 붙였다 하는 채용 여사. 명색이 글쟁이랍시고 둘째 딸인 내가 편지를 읽는 시간. 두어 줄 읽어 내려가다 먼저 가신 아버지 생각, 고달팠던 당신의 일생에 식전 댓바람부터 눈자위 자꾸 붉어진다. 이내 밥상 앞에

말똥말똥한 식구들 죄다 우는 모습이라니.

"첫눈이 내리는 날 안동역 앞에서 만나자고 약속한 사람 새벽부터 오는 눈이……."

예고 없던 유치원 막둥이 손자 노래에 주왕산이 들썩인다.

일순 삼라만상도, 생로병사도 밥상에 있다는 생각이 들더라는 거. 우린 울다 웃다 기념품으로 주문한 색색깔의 우산을 펼치며 마지막으로 합창했다.

"비가 오나 눈이 오나 저희들의 우산이 되어주셔서 감사합니다."

가만히 듣고 있던 엄마가 우산대에 적힌 '김채용 여사 팔순 기념' 문구 찬찬히 살피다가 한마디 하신다.

"살아생전 내 이름 석 자 박힌 일 처음 보는구나."

여전히 황새냉이꽃 같은 눈은 풀풀 날리고.

김치의 생, 막개댁의 생

또 속수무책으로 늦가을을 떠안는다. 바깥은 단풍으로 난리버꾸통이건만 나는 슬슬 김장 걱정이다. 더구나 시댁이며 친정이 농사를 접고 보니 걱정이 태산이다. 그깟 육수에 들어갈 재료 장만하는 것만으로도 진이 빠지고 보니 큰일이다. 비린 맛 없다는 백령도 까나리젓갈과 새우젓도 주문했다. 해남 배추를 할까, 강원도 고랭지 배추를 할까. 이번에는 소금이 고민이다. 전남 신안의 천일염으로 할지, 간수를 뺀 태안의 송화염으로 할지 고민 아닌 고민에 휩싸였다. 막상 짐처럼 느껴졌던 김장도 마무리하여 입안으로 들어갈 때는 산해진미 부럽지 않으니 그나마 위로로 삼는다.

막개댁이 흘러들어왔다. 고만고만한 자식 여섯을 데리고 안마을 끝자락 빈집에 들었다. 도처에 장성한 딸 두엇이 있다는 소문만 무성했을 뿐 모든 건 비밀에 묻혔다. 온순한 데라고는 찾아보려야 볼 수도 없지만 심술보가 아래턱까지 내려온 얼굴이고 보면 그리 다가가기란 쉽지 않았다. 하지만 그녀의 김장 솜씨는 남달랐다. 칼칼한 명태속이 들어간 걸로 보아서는 고향이 강원도겠거니 싶다가도 깊은 맛이 나는 걸로 봐서는 전라도 쪽일 거라 짐작만 할 뿐이었다. 마을에서는 누구도 막개댁의 김장 비법을 아는 이는 없었다. 그저 텃밭에 있는 배추 뽑아 설렁설렁 움직이고 나면 감칠 맛 나는 김장이 수북하게 담겨 있었으니.

쟁여 넣었던 김치통도 한두 달이 지나면 두어 포기만 남고 김칫물만 그득하다. 호되게 배워가며 빚어내다시피 한 정성은 어디로 달아났는지. 날가루 없이 빡빡하게 끓여 낸 찹쌀풀도 온데간데없다. 김칫소 빠지랴 겉잎으로 아기 포대기 싸매듯 감쌌것만 무채며 갓이며 청각이 뿔뿔이 흩어져 물 위를 떠다녔다. 매정하다. 묶인 끈이 풀어진 느낌이랄까. 더 이상 깃들 곳 없는 김칫수들이 떠돌다 마주치다 흩어진다. 모서리에 걸쭉하게 풀어진 고춧가루가 볼썽 시리다.

한 땀 한 땀 뜬 시간이 묵묵하게 흘렀다. 그리 고른 바느질은 아니었나 보다. 막개댁의 자식들이 뿔뿔이 흩어졌다. 첫째 아들은 철공소에 취직했던 모양인데 한두 해가 지나니 사기꾼으로 내몰렸다. 서너 번 감옥을 드나들다 객사했다. 둘째는 원양어선을 탔다. 명절이면 각 잡힌, 번쩍이는 보랏빛 양복을 입고 나타나더니 서른 해가 넘도록 행방불명이다. 그나마 똑똑하다며 전문대학을 보낸 셋째는 늦은 밤 퍽치기를 당해 비명

횡사했으니. 덜렁 남은 자식이라고는 무지막지한 막내뿐이었다. 태양초보다 매운 며느리의 앙칼진 목소리가 쉴 새 없이 담을 넘어와도 그녀는 개밥그릇을 씻을 뿐이다.

배춧잎에 꽃가지가 허옇게 피었다. 꽃가지를 걷어내 보지만 군내는 쉬이 사라지지 않는다. 달리 방법이 없어 돼지고기를 텀벙텀벙 넣어 술국을 끓였다. 청양고추에 오징어를 총총 다져 넣고는 누렇게 부침개를 굽는다. 입 심심찮게 달라붙어 어디서든 아껴주니 가벼운 경배를 보낼 수밖에 없잖은가. 늘 밥상에서 빠지지 않다 보니 귀한 대접이야 받지 못하지만 보이지 않으면 찾는 이가 두서넛은 있기 마련이니 서럽진 않으리라. 허옇게 분칠하듯 군내를 피우든 시어빠지든 풋내가 나든 만인의 애정을 받고 있으니 얼마나 다행인가.

딸네 집을 전전하던 막개댁이 막둥이 아들한테로 다시 돌아왔을 때는 이미 치매기가 심했다. 지린내 때문에 못 살겠다는 며느리의 볼멘소리는 밤이 이슥하도록 들려온다. 술만 취하면 개차반이 되어 버리는 예순의 막둥이를 볼 때마다 차라리 제정신 아닌 그녀가 다행스럽다. 종내에는 가는귀까지 멀더니 이 골목 저 골목을 서성이며 갔던 집에 또 가고 또 다녀왔다. 온종일 주인 없는 집에 들어가 마루 끝에 걸린 사진틀의 먼지를 닦아냈다. 오줌 줄기가 다리 사이를 흘러내려도 무표정이다. 밤새 어디에서 헤매다 돌아왔는지 아침이면 치맛자락이다 젖어 있었다.

막개댁의 존재는 갈수록 희미해졌다. 어쩌다 모습을 드러내기도 하는 날은 목욕차가 오는 날이다. 그런 날이면 말갛게 씻어 낸 몸이 녹작지근한지, 낮은 담장에 걸터앉아 허공에 대고 김치 양념을 버무린다. 젖먹이를 둔 암고양이처럼 퀭한 눈이 깊었다. 졸고 있는 막개댁 곁에는 새끼고양이가 상체를 길게 빼며 울었다.

토박이로 사는 우리도, 봄비처럼 스멀스멀 젖어 들어왔던 막개댁도 김장을 하면서 기다림의 미학을 배우는 사이 수십 번의 봄이 지났다. 늦은 봄눈이 두어 번 내리고 나면 가득찼던 김장독들이 비워진다. 붉게 배인 김칫물을 없애려고 쌀뜨물을 받아 담가두었다. 강원도든 전라도든 그들의 태생조차 지워지는 시간. 제 몸의 물기를 다 빼내야만 얻는 이름 김치. 겨우내 묵묵하게, 때로는 야단스럽게 식구들의 입맛을 붙들어주던 풀포기였다. 한해의 수고로움을 마친 빈 김칫독이 베란다로 나갔다. 산자락에 연둣잎이 푸릇하다. 볕이 김치통 속에 꽉 찼다.

그녀가 요양원으로 떠났다. 증명이라도 하듯 아침저녁 개밥그릇을 사이에 두고 얼룩개와 주고받던 소리도 들리지 않았다. 낮고 얕고 자그마했지만 살아 있음을 보여줬던 막개댁과 얼룩개의 언어가 사라진 셈이다. 개집 어귀에 홍매가 붉게 피던 날 그녀는 물기 많은 생을 살다가 세상을 떴다. 광야에서조차 통로를 찾을 수 없었던 막개댁. 만장 같은 세상에서 되직하게 외로워 보였던 막개댁은 막개의 원천이 어디인지도 알려주지 않은 채 한 줌의 재로 강물을 따라 흘러갔다. 그날, 밤이 새도록 쿵쿵거리던 얼룩 개는 목을 빼고 울부짖었다지.

작정하고 훔쳐보기

 막냇동생 집으로 가는 길은 고행의 길이다. 집 앞 마트에 가면서도 차를 가지고 가는, 소위 걸음 아껴 고급스럽게 살아온 사람들 말을 빌리자면 그렇다는 거지 나에게는 여행인 셈이다. 자전거조차 타지 못하는 기계치다 보니 버스를 타고 지하철과 지상철로 환승을 하고서도 족히 십여 분은 걷는다. 그럼에도 지루할 틈이 없다.
 단연 으뜸이라면 사람 구경이다. 그들의 옷차림과 헤어스타일과 표정과 눈빛을 읽으며 내면을 유추하는 일. 어지간한 소설보다 재미지다. 대중은 말 없는 스승이라고 하지 않던가. 진작부터 궁금한 게 있었으니. 하나같이 정신줄 놓고 묵념하며 빠져 있는 그들의 관심사가 무언지. 오늘은 승객들의 휴대폰을 작정하고 훔쳐볼 요량으로 집을 나섰다.
 자 지금부터 훔치는 시간이다.
 A는 보풀이 잔뜩 핀 회색빛 바지를 입고 야구모자를 푹 눌러 쓰고 게임 삼매경에 빠졌다. 손놀림이 춤을 춘다. 이내 연

예인들의 헤어스타일을 저장한다. 빠르기도 하지. 잉크색 치마에 우윳빛 블라우스를 입은 B는 오피스텔 분양 정보 사이트에 코를 박는다. 입술 지그시 깨문 표정이 당장이라도 한 채 계약해 버릴 태세다. 출입문에 기댄 C는 카톡을 주고받는지 나를 해끗해끗 쳐다보다가 이내 실쭉거리며 심드렁해진다. 기실 그녀 폰의 뒷등에 보기 좋게 들앉은 청년과 언쟁 중이었거나 약속이 뒤틀렸거나에 한 표를 던진다. D는 주식 창을 열어두고 있었다. 시간을 보아하니 마감장 끝난 지는 좀 되었으니 시간 외 단일가로 체결할 모양이다.

타인을 들여다 보는 일도 만만찮다. 그깟 타인의 사생활이 무어 그리 중요하다고 눈알 굴리고 목 주억거리며 혼자 전면전을 치르고 있는지. 안 보는 척 밑밥 깔고 훔쳐야 들키지 않는다는 것을 알기에 더 힘이 쓰일 수밖에 없다는 것도. 심리작전까지 곁들여야 하나 싶으면서도 자꾸 곁눈질하게 되더라는 거지. 좌우로도 모자라 건너 자리까지 탐하려니 피곤도 이런 피곤이 없다. 그렇지만 어디에도 없는, 지금 내 곁에서 생생하게 일어나는 현실을 놓치고 싶진 않은 거지.

이왕지사 작정하고 훔쳐볼 요량이었으니 지하철에 내려 집으로 오는 버스에서 다시 마음을 다잡는다. 일단 내가 탄 버스는 다문다문 아파트가 있긴 하지만 논밭이 넓게 펼쳐져 있는 반농 마을이 종점이다. 아직 하교 시간은 이른지 버스 안은 듬

성듬성 앉은 열댓 명의 중늙은이와 외국인 노동자가 전부다. 버스 안이 쩌렁쩌렁하게 울리는 할아버지 벨 소리, 인근 오일장에 팔고 남은 장보따리 올리느라 주머니에서 떨어지는 휴대폰. 어쩌랴! 폰 화면을 훔칠 사람이 이리 귀한 것을. 사실, 일사불란하게 오르내리며 블루투스를 꽂고 혼잣말을 하며 흡사 로봇들을 가득 태우고 쏜살같이 달리던 도시의 교통수단에서 좀 지쳤던 터. 강을 건너가는 버스 안에서 들려오는 화통 삶아 드신 목소리일지언정 그리 편안할 수가 없었다.

  버스가 낙동강을 건넜다. 반대편에 앉았던 라오스인인지 베트남인인지 가늠이 되지 않는 한 여인이 해가 지는 서쪽 창가로 옮겨 앉는다. 그때 나도 오도카니 창에 기대 일몰을 보고 있었다. 인근 솜공장에서 일을 마치고 왔는지 검은 바짓가랑이에 흰 실밥과 솜뭉치가 허옇게 묻었지만 아랑곳하지 않는다. 이내 강물 위로 번지는 노을을 찍느라 찰칵, 찰칵 쉼 없다. 두어 코스를 달리자 넘어가는 노을빛에 펼쳐지는 꽃을 담느라 예의 그 셔터 누르는 소리 맑다. 나도 저 노을과 저 흰 감자꽃에 얼마나 자주 무너졌던가. 아름다움 앞에 감정을 발현한다는 건 그녀나 나나 같음을. 어느새 모래밭을 건너온 흰 감자꽃이 허리춤에 빗 꽂고 먼 타국으로 시집온 어느 집 색시 바짓가랑이에 난발했다.

광산김씨네 엘레지

"아무래도 내가 다녀와야지."
"어딜?"
"온정 너거 큰이모한테."

오랜만에 친정에 들렀더니 노모는 혼잣소리를 새벽이 오도록 뱉어낸다. 사람이 그리웠나 보다. 나는 혹여 엄마가 섭섭해할까 몽롱한 잠기운이지만 몇 마디씩 대화를 잇는다. 시계를 보니 아직은 어둑새벽이다. 양철지붕을 붙들어 맨 끈이 창문에 반쯤 내려왔다. 물 빠진 커튼과 해묵은 조화 카네이션들이 그림자를 만들어 으르렁거린다. 살구꽃 순하게 피어야 할 봄밤이건만 무슨 놈의 바람이 이렇게 사나울까. '휘이 휘리릭' 빗속을 뚫고 또 저승새가 왔다. 감나무에 앉아 우는 새의 울음이 처량한지 당신은 돌아눕는다.

밤새 퍼붓던 비가 아침이 오자 멎었다. 산꿩이 아침 내내 울며 요란을 피운다. 바깥은 이미 전쟁터다. 지난밤 한바탕 퍼분 비바람에 온갖 살림살이들이 뒤엉켰다. 엄마는 잡동사니들을 그러모아 큰 고무통에 집어넣고 뚜껑을 닫았다. 비 온 후의 설거지가 끝날 즈음 어딘가에 전화를 건다.

대충 아침을 챙겨드리고 마루 끝에 들어앉았다. 열어놓은 방문으로 거울 앞에 꾸부정한 모습으로 분칠을 하는 당신이 보였다. 저릿하다. 당신이 마주 보고 있는 당신의 얼굴과 자식이 물끄러미 들여다보고 있는 당신의 뒷모습은 같을까. 내려앉은 돌쩌귀 탓에 문틈으로 술렁거리며 들어오는 찬바람 같은 것. 귀퉁이 해져 접어도 각이 맞지 않은 상보를 닮았다. 루주를 꾹꾹 찍어 바르며 떠나기도 전부터 눈물을 찍어낸다.

그리하여 퇴행성관절염으로 절뚝거리는 여든세 살의 외삼촌, 허리에 쇳덩어리 박아 기다시피 걷는 여든에 접어든 엄마, 급성 중풍으로 수족이 불편한 일흔일곱 살의 막내 이모까지 셋이 울진 백암산 골짜기 사는, 백 살이 가까워져 오는 큰이모를 만나러 떠났다. 구주령을 따라 첩첩산중으로 떠난 노구들의 뒤태를 떠올리자니 덧없음이 덧칠된다. 뭉근하게, 눅진하게 달궈진 조청 같은 생들이 떠난 사월의 한낮은 적요하다.

불현듯 종지골 외갓집 생각이 났다. 아직도 외딴집일까. 이젠 찾아갈 수도 닿을 길도 없는 곳이 되어 버렸다. 그 집에서 광산김씨인 외할아버지는 9남매의 자식을 두었으나 셋을 천연두로 보냈다. 엄마는 강산이 여덟 번이나 바뀌었지만 여태 어제의 일처럼 생생하다며 가끔 이름을 부르곤 훌쩍인다. 긴 머리카락이 허리까지 닿아 치장 즐기던 열일곱 살 언니, 학교 보낸다고 포리하게 염색한 천으로 누비옷 만들어 두었던 아홉 살 남동생, 눈이 감탕고같이 새까만 네 살배기 막내까지 한날한시에 잃어버렸다고. 명줄 짧은 자식들을 산자락에 묻고 이튿날 가보니 채 마르지 않은 봉분을 여우들이 죽기 살기로 파헤쳐 놓았다나. 가시넝쿨을 얹어도 소용이 없자 종내에는 외할머니가 새벽마다 죽은 자식들을 돌보러 다녔다고.

그리 살아남은 여섯 중에 십여 년 전 두 명의 이모마저 돌아가시고 이제 네 명의 피붙이만 남았으니. 슬쩍 허망이 지난다. 아무리 시대의 비애라고는 하지만 죽은 자식들을 돌보러 다녀야 했던 어미의 심정을 누가 알랴.

이승에서 마주한 큰이모 얼굴, 훗날 저승에서 만나자는 언약을 안고 엄마의 형제들이 돌아왔다.

"미리 기별하고 간지라 백발 성성한 언니가 마루 끝에 앉았더만. 무꽁다리 말라가듯 바짝 말라서 얄궂지 뭐. 동생들이 아무리 소리를 질러도 귀가 안 들리니 얼마나 답답겠노. 본디 늙으면 눈물도 헤퍼지기 마련이다마는 자꾸 우는 바람에. 우리가 떠나오려니 멍허이 쳐다보는데……. 서럽고 외로운 일 투성인기라. 너거 막내이모 청상과부 된 거도 슬프고. 하나같이 신랑들 일찍 죽은 우리 자매들 생각하니 서럽고. 그라고 또 너거 외삼촌만 학교 보내주고 우리는 딸이라고 학교 근방에는 얼씬도 못 해 지금도 한이 맺힌다. 그저 뻐꾸기 울면 나물 뜯고 논밭에 나가 보릿단 일으켜 세웠제. 그래도 사이는 좋아서 너거 이모들캉 봉숭아꽃물 들여 무명실로 묶어주고. 생각하면 참 곱기도 하고 모진 세월이었지."

선뜻 어디에도 착지하지 못한 비가(悲歌)들이 허공에서 뒤척인다. 찻물이 끓는다. 차 한 잔을 들고 암자로 간다. 산비탈 꽃눈들이 불그스름하다. 곡우를 지났으니 곧 꽃이 난개할 게다. 엄마 손을 잡고 딱 한번 가 본 외갓집. 지천으로 늘려 있던 산딸기꽃. 딱 그 시절이다. 광산김씨 세세만년을 골짜기에 부려 놓고 오는 길이 어찌 허허롭지 않았겠는가.

넷이 합쳐 살아 낸 시간이 줄잡아 삼백오십 년이다. 큰이모는 당산나무였으며 신전이었다. 한 그루의 나무 아래 오도카니 모여, 고상 난 몸을 네리고 의지하며 살아가는 엄마의 형제간들을 생각하니 지난함과 서글픔과 뜨거움이 교차한다. 도처에 흩어져 살던 동기간의 부음을 들을 때마다 얼마나 엎디어 울고 싶었을까. 늙고 병들면 눈먼 새도 눈길 주지 않는다고 했던가.

이제와서 하는 말이지만 나도 반나마 늙었다. 당신들의 머리맡에 수북하던 약봉지들이 나의 주방 한쪽에도 줄지어 섰다. 나는 영원히 젊을 줄 알았다. 얼마나 무지몽매했던가. 가까운 친인척들의 문상에 삐죽이 얼굴 디밀며 체면치레나 했습

네라며 달아 뺐다. 분망함을 핑계 삼아 내 식솔들 챙기기에 열을 올렸으니. 그네들의 눈물 따위는 짐짓 모른 척 딴청 부리기 일쑤였다.

따지고 보면 사는 일이 한 권의 장부가 아닐까. 인생 경리에서 뭘 높게 충당할지 목록서를 작성해 놓아야 하건만 막무가내로 살아왔다. 빚진 일도 위로받은 일도 치매처럼 잊고 지냈으니. 이제 부등호는 남은 날보다 살아온 날에 입을 벌렸다. 그럼에도 불구하고 사는 일이 대차대조표처럼 맞아떨어지기를 바라고 있으니 얼마나 어리석었던가.

문득 나이 든다는 것도 가늠할 수 없는 이윤 창출은 아닐까 싶다. 세상을 관조하는 경지에 오르기까지 풍파는 다 끌어안고 지나왔으리라. 천석이고 만석이고 분에 넘치면 문을 닫지 않던가. 나 빠져나간 자리에 누군가 들어앉고 겨울 자리에 봄이 순번을 기다린다는 이치도 그들은 안다.

늙는다는 것은 어차피 생것이 소멸하여 간다는 것. 하루하루가 돋아나고 이내 사라진다. 발목이 잡히면 잡히는 대로, 근심덩어리는 내치지 않고 공존하며 살아가더라. 소란스러움은 순하게 묻고 번잡함에선 돌아가더라.

'사람 살아가는 일이 펄펄 끓는 가마솥 안의 한 덩어리 선짓국이라던 엄마……'

미륵골에서 쓰는 편지

　미륵골 빈집에 혼자 남았습니다. 이 집에서의 혼자라는 말에는 적적함과 즐기고 싶은 고요가 함께입니다. 슬쩍 두렵기도 하고 심심하기도 하고 그렇습니다. 홀로 집을 지켰던 모친이 요양원으로 떠나고 빈집이 된 지 삼 년. 어쩌다 보니 나흘간 머물 요량으로 여차여차해 왔습니다.

　책을 펼쳐 보지만 눈도 침침하고 유튜브를 몇 편 봤더니 데이디는 힌정이 없네요. 이참에 댑싸리 밑에 개 팔자로 즐겨보자 했건만 일이 눈에 들어옵디다. 남아도는 볕이 아까워 이불이며 먼지 묻은 소쿠리며 신발들을 씻었습니다. 고들빼기꽃에 앉았던 배추흰나비가 바지랑대에 앉았습니다. 나비 눈에도 꽃 시절 다 지난 어수룩한 중년 여인의 고독감이 읽혔던가 봅니다.

　일 다 하고 죽은 무덤 없다더니 잔일에 끝이 없군요. 사람이 기거하지 않으니 오죽이나 하겠습니까. 부엌 여불떼기에 놓인 장독대 정리하랴 뒷길까지 무성하게 덮은 백화등과 잡풀 손질하랴 어설픈 손놀림이 분주합니다. 그것도 일인 게냐 하고 싶지만, 꼴딱 한나절이나 걸렸지 뭡니까. 붉은 명자꽃은 내 친구 삼철이네 마당 근처까지 가지를 넘겨 꽃잎을 떨구었습니다. 지난가을인가 철이는 선박 수리 기술을 배워 바닷가 마을로 이사 나가고 스님이 이사를 왔다는데 목탁 소리 한번 귀합니다. 아무래도 집도 절도 아닌 곳이라 그럴까요. 지금도 얼금얼금한 울타리 사이로 절냥이 밥을 챙기는 승복 자락의 뒷모습만 훔쳤을 뿐입니다.

슬슬 산그늘이 내려오기 전 아궁이에 불을 지펴야겠어요. 가마솥에 한 양동이의 물을 붓고 솔가지와 신문지로 불쏘시개를 만들었습니다. 감나무 아래 재여 있는 장작과 잔가지를 빼내 지그재그로 얹으며 제법 불목하니 흉내도 내봅니다. 사람 든 집이라고 굴뚝에서 연기가 곡선을 그리며 대숲으로 사라지는 걸 보니 실로 흡족하고 그럽니다. 그것도 잠깐 아 글쎄 활활 타오르던 불길이 순식간에 솟구쳐 나오면서 검은 냇내에 눈이 매그러워 눈물 콧물을 오랫동안 흘렸지 뭡니까. 센서 하나 작동시키면 뜨거워질 보일러 방을 두고 굳이 아궁이에 불을 지피는 이유는 무엇일까요. 그냥 잡생각이 일지 않아서랄까요. 그 사이 산비알에서 뜯어 온 고사리를 데쳐 날랗하게 널어놓고 추뚜막에 앉았습니다.

장작이 사그라드는 사이 사방으로 어둠이 덮이는 중입니

다. 불문을 닫아걸었습니다. 외주둥이라고 굶을 수는 없으니 밥 한술 떠야지요. 담벼락 사이 돋아난 달래를 뽑아 설정하게 무쳐내고 엊저녁에 끓여 놓은 시래깃국으로 저녁을 채웠습니다. 수돗가에 쪼그려 앉아 씻은 그릇을 채반에 엎어 놓고 일어서니 감나무에 초엿새 달이 내걸렸네요. 열댓 가구는 될까 한 마을, 산중의 밤은 잠자는 일이 전부인 듯 일찌감치 집집이 불이 꺼졌습니다.

백석 시인의 산문 「편지」를 읽습니다. 백열등이라 눈은 아프지만, 그의 알전구 같은 문체에 흠씬 빠져들었습니다. 이제 잠을 청하려고요. 홑이불 하나 배에 걸치고 마당에 누웠습니다. 앞산 고라니와 무논의 개구리, 소쩍새가 번갈아 울어대는 것이 합창단원들 같습니다. 아슴푸레하게 잠이 몰아오는가 싶더니 야윈 모습을 한 엄마가 쌀가루 풀어진 듯한 목소리로 자꾸 나를 깨웁니다.

"한데에 잠들면 입 삐뚤어진데이."

환청과 찬 기운에 눈을 떴습니다. 그새 두어 시간이 훌쩍 흘렀나 봐요. 설핏 든 잠이 꽤 달았는지 방에 들어 아랫목에 누웠지만, 좀체 잠이 오지 않는군요. 숲으로 달아낸 작은 창으로 아카시아꽃향이 들이칩니다. 이참에 작정하고 그 아이와의 기억을 데려와도 되겠지요. 초등학교 2~3학년이었을 겁니다. '리라초등학교'라고 적힌 노란 체육복에 바가지 모양의 머리카락을 한 서울 소년이 전학을 왔었어요. 단층 건물과 비릿한 갯내로 둘러싸인 마을에 있는 여관집 외손자였어요. 사내아이의 머리카락은 또 어떻고요. 어찌나 곱고 윤기가 났던지. 공부며 운동이며 못 하는 게 없는 데다가 순하기는 또 어찌나 순한지.

얼추 두어 달은 흘렀을걸요. 복도에는 쉬는 시간마다 어설픈 서울말이 유행되더니 종내에는 그 아이의 도시락 반찬까지 신비로웠다니까요. 반들반들한 콩자반과 분홍 소시지와 계란말이가 있는 점심시간은 고급스러워졌고요. 몸집이 거대하고 입이 걸었던 소년의 할머니네 정원에는 매화나무와 무화과나무가 있었는데요. 나무 아래는 늘 흰 조개껍데기가 수북했었어요. 이제 여관집 할머니도 돌아가셨겠지요.

한 학기가 흘러갔을 겁니다. 그 아이가 처음으로 내가 사는 산골로 오던 날이었어요. 미륵불을 모신 사당에서 소년과 나는 눈을 감고 서로의 소원을 말했습니다. 기차를 타고 서울 구경해 보고 싶다는 나의 말에 아이가 잇몸을 드러내며 환하게 웃었어요. 이후로도 우린 틈만 나면 바닷가와 산골을 헤집었습니다. 보잘것없는 집이 부끄러워 숲과 도랑과 들판으로만 쏘다녔지만. 찔레순을 꺾어 먹이거나 고욤나무 아래 앉아 개미집을 관찰하는 일. 지금 생각해도 참 미안한 일입니다.

소년이 서울로 돌아갔습니다. 코스모스만큼이나 마른 여자의 손을 잡고 신작로가 있는 곳으로 사라지던 모습이 마지막이었습니다. 나는 며칠간 처진 눈매의 순한 그 아이 생각에 잠을 이루지 못했지요.

더러 생각날 때도 있습디다. 이제 어디에서든 그 소년과 그의 청년 시절과 그의 중년을 마주합니다. 혹 모르지요. 좀 더 세월이 흐른 뒤 문득 만나져서 올챙이 뒷다리 이야기며 콩자반 흉내 내느라 메주콩에 검은 물감칠했다는 이야기 할 날이 올는지.

새벽입니다. 수잠에 드는 동안 영갑이 아제네 닭이 목청껏 울어 재칩니다. 이제 서둘러 해 달기 전 용골을 거쳐 밀밭골에 가봐야겠어요. 푸릇한 머윗대와 방풍나물에, 밤새 자란 고사리가 지천일 겁니다. 오후엔 친구가 촌캉스를 하러 오거든요. 7번 국도를 타고 강구에서 해안선을 따라오라고. 영해 읍내 시장에서 미주구리 회에 소주나 두어 병 사 오라고 기별을 넣을 참입니다.

날이 좋아 걸었다

 3월에 평일 오전이다. 후배가 도시 외곽으로 이사를 했다기에 다녀올 참이다. 버스를 갈아타는 것도 번거롭거니와 날이 좋아 걷기로 했다. 한번 만에 갈 수 있는 노선까진 꽤 멀어 힘에 부치겠지만 상관없다.
 단골 꽃집에 들러 푸리무리한 한지로 분을 감싼 푸른 수국을 사 들고 걷는 중이다. 칠 벗겨진 한의원 앞 머지않아 흐드러질 자목련꽃이 몸을 말았다. 골목에서 날쌔게 나온 흰둥이가 회양목 울타리에 세워 둔 자전거 바퀴에 경계 표시를 하는 일은 순식간이었다. 백주에 노상 방뇨하고서도 어찌 그리 능청스러운지. 밤새 닫혔던 가게들이 여기저기서 문을 연다. 밀대를 들고 카페 바닥을 닦으며 음악에 몸을 맡기는 청년. 세탁소 아저씨는 드라이 끝난 이불을 내건다. 한 집 건너 꽃집이다. 집집이 노란 튤립 상자와 봄꽃들을 옮기는 사람들. 마트 앞도 분주하긴 마찬가지다. 당근과 제주 무가 진열되고 봄동과 햇양파가 나왔다.

도시재생사업으로 담벼락 환한 담장을 개나리가 넘어오고 숲속 테니스장에선 '탁탁' 허공을 가르는 공 소리가 울린다. 하필이면 필생의 힘을 다해 인도에 자리를 잡고 돋아난 고들빼기꽃. 수많은 사람의 발밑에서 짓밟힐지언정 잠시나마 안락한 거처가 아니겠는가. 가벼운 오르막을 오른다. 목 좋은 상가 건물에 들어선 교회, 깊은 산속 절집을 프린트한 시트지가 붙은 사찰. 종교도 편의의 원칙에 휩쓸려 가는 건가. 그저 내 눈에는 결핍과 황량만이 그득그득하다. 재개발을 앞둔 단층 아파트는 몇 해째 싸늘하다. 재건축조합과 건설사의 샅바 싸움으로 내 걸린 플래카드를 보자니 봄날은 멀어만 보이고.

30여 분을 걸었을까. 서점 모퉁이를 돌아 원스톱으로 가는 정류장에 섰다. 나는 오지 않는 버스를 기다리며 쓸데없이 승객들의 목적지를 유추한다. 수백 개 노선에 발걸음으로 지도를 만드는 사람들. 처음 보는 이들이 같은 목적지를 두고 승차하고 이웃들이 다른 목적지를 두고 하차한다. 다들 어디를 오고 갈까. 그나저나 내가 탈 버스는 언제쯤 올까. 지키는 냄비가 더디 끓는다더니. 족히 이십여 분은 흘렀다. 그제야 노선안내도를 보니 타고 가야 할 '급행 8번'이 없다. 낭패도 이런 낭패라니. 분명히 후배는 여기서 타라고 하지 않았던가.

푸덕푸덕한 파마머리 아줌마가 구시렁거리며 어디론가 전화하더니 묻지도 않은 내게 그저께부터 노선이 변경되었다고 했다. 눈치를 읽었던 모양이다. 여기서 지름길로 조금만 가면 '급행 8번'을 탈 수 있다며 따라오란다. 길을 잘 알고 있다는 아줌마를 만난 것은 시렁 위에서 떨어진 호박인지 얼음 위에 나막신 신고 가는 건지 행운과 불안 둘 중 하나겠거니 하며 바싹 따라붙었다. 그리하여 그다지 성격이 무던하지도 않은 나는 초행길을 구색으로 아줌마와 동행 아닌 동행을 하게 되었다.

뭉글뭉글하게 핀 수국을 든 나는 이 골목 저 골목을 빠져나가는 사이 큼직한 보따리를 든 그녀의 이야기를 듣는다. 남편은 일찌감치 하늘로 보내고 혼자서 두 딸을 키우다 보니 예순 중반이 넘었다고. 지금은 큰딸네 집에서 아이를 봐주며 사는데 오늘 큰딸이 휴무란다. 이참에 파김치 좋아하는 둘째 딸을 위해 새벽부터 분주히 움직였다나. 나와는 하등의 상관도 없는 이야기가 끝이 없다. 주말농장에 자라는 푸성귀며 죽고 없는 남편의 취미까지 썰을 푼다. 이맘때면 조기축구회에 다녀온 신랑과 수태골 골짜기를 누비며 고사리와 산나물을 뜯었다고. 이제 그 길도 어슴푸레하다나.

이런저런 이야기를 나누다 보니 우리가 타고 가야 할 노선이 있는 정류장에 도착했다. 15분 후에나 오는 버스를 기다린다. 바람은 귀를 간질이고 근린공원 새들 지저귀는 소리 청아하다. 잠시 걸은 것도 인연이었을까. 풋내 정도 정이 든 아줌마와 돌 화단에 엉덩이를 걸쳤다. 오는 내내 이어지던 둘째 딸

이야기가 이어진다. 딸애가 다니는 직장이 좋아 연봉이 높다고. 아직 미혼이지만 아파트까지 장만했다고. 요즘, 젊은것들은 몸치장만 할 줄 알지 당최 청소할 줄 모른다며 대청소를 해줘야 한다나. 오는 길에 전직 대통령 사저를 둘러봐야겠다고 한다. 여자가 한 나라의 왕이 되기가 그리 쉬운 게 아니라고. 신성불가침 성역에라도 가듯 그녀는 몹시 흥분한 얼굴이다.

썰물 쓸려가듯 아무도 없는 버스정류장. 한 무더기의 새들이 나뭇가지에서 후드득 날아올랐다. 가지들이 떤다. 우리가 앉았던 돌 화단 옆 검은 비닐봉지가 자꾸 눈에 든다. 아줌마가 조심스레 봉지를 열었다. 빨간 꽃이 빽빽하게 그려진 목 긴 장화에서 고무 냄새가 났다. 누군가가 잠시 앉았다 잊고 간 모양이다. 그녀가 혼잣말인 듯 아닌 듯

"아이구 고와라. 고마 누가 잊었구마는. 그 짝은 이런 거 필요 없제요? 여기 둔다고 가지러 올 것도 아니고 내가 가져가야겠네."

버스가 왔다. 웃음 머금은 아줌마는 한 손에 꽃 장화 보따리, 한 손엔 파김치 보따리를 들고 올랐다. 나는 버스 뒷좌석에 앉아 하릴없는 여행자처럼 멀뚱히 봄 익는 창밖에 눈을 둔다. 날이 참 좋다.

하룻고양이 범 무서운 줄을

 후배는 도시의 외곽에서 식당을 한다. 강을 따라가는 길도 시름없이 무던하거니와 솜씨 좋은 밥맛도 그립고 해서 겸사겸사 찾았다. 마당 한 자락을 덮었던 사프란꽃은 계절에 밀려 온데간데없다. 꽃이야 순리대로 또 피어나겠지만 꽃밭을 뒹굴던 백구는 밤손님의 손에 잡혀 돌아오지 않은 채 두어 달이 흘러갔다고. 그녀는 날카롭게 잘린 목줄을 보며 헤어나질 못했을 터. 몇 년을 함께 했으니 오죽할까. 공허함을 달래려 어린 고양이 두 마리를 들였다.

 식당 문을 열자 노란 고양이와 흰색 고양이가 야단법석이다. 자칭 나도 집사가 아니던가. 딸아이가 여행을 가거나 일이 있을 때면 어쩔 수 없이 돌보아 왔으니. 그 일을 계기로 고양이들의 습성에 대해 어느 정도 알고 있다고 자부했건만. 어찌 된 일인지 녀석들은 달랐다. 내가 앉은 자리 맞은편에 목을 빼고 앉거나 테이블을 건너와선 무릎에 안기기까지 한다.

 "야 루루! 라떼! 버릇없이 굴지 말랬지. 손님상 근처에 가지 말랬잖아. 이 넘의 짜식들⋯⋯." 후배의 호통에 동그란 눈을 하고선 슬쩍 고개를 파묻기까지. 반성의 기미도 잠시뿐. 티슈를 한 장씩 뽑아 눈 내린 들판처럼 만들어 놓고 일없다는 듯 사라지는 천진무구함이여. 귀엽기도 하고 영물인가 싶다가도 걱정도 앞서고. 딸애가 키우는 고양이와 이리도 딴판인 성격이 못내 부럽기도 하고.

얼마쯤 지났을까. 주방에서 쩌렁쩌렁한 목소리가 또 울린다. 녀석들의 사고는 끝날 기미가 없었다.

"야 그거 먹지 말라고 했지. 제발 전쟁 좀 끝내자."

꽤 넓은 식당 창가를 장식해 놓은 동양란 잎사귀들을 죄다 갉아 먹고는 도망치다 보기 좋게 걸렸다. 단정하게 단발을 한 난초들을 보고 있자니 나는 어느새 녀석들을 응원하고 있는 게 아닌가. 어디로 달아났을까. 이른 점심이라 손님 없고 사고뭉치들 눈앞에 없으니 부산스럽지 않아 좋긴 하다만. 노릇노릇한 고등어 뼈를 발라내고 삼삼한 갈치에 한술 뜨는 찰나 말하기 무색하게 지진이 난 듯 '쿵' 소리 들리니. 제발 전쟁 좀 끝내자는 주인장의 협상은 물거품인가. 일찌감치 종전에 무관심으로 대응하는 고도의 전략이라니.

식당 마스코트일까. 비록 인형이지만 야생의 분위기를 풍기며 가게를 지키는 호랑이 두 마리가 제법 높은 장식장 위에 있었다. 콧수염을 휘날리며 눈을 부라리고 포효한 형상. 난초잎에 배부르고 난향에 졸음 겹겠다 범의 품인지 천지도 모르고 파고들었을 거다. 꿀잠의 꿈속에서 헤맸을까. 몽롱한 눈으로 제 몸보다 예닐곱 배는 큰 범 두 마리와 나동그라진 거지. 어안이벙벙한 눈으로 난처함과 황당함을 잔뜩 드러내고는 다리를 절뚝이며 천천히 사라진다. 콧수염 부러진 범은 말이 없다.

  비록 가짜일지언정 하룻고양이 범 무서운 줄 모르고 까불거리다 된통 당한 꼴. 하긴 당한 것인지 가지고 놀았던 것인지 누가 알랴. 절뚝거리며 돌아가 칼을 갈고서는 범을 물어뜯을지, 외려 범이 부러진 수염값을 청구할지. 인형을 환생시켜 물어볼 수도 없고 명백한 증거도 없는 고양이를 함부로 구속할 수도 없는 노릇이잖은가. 누굴 내쫓느냐는 결국 주인장한테 달렸겠는데……. 그렇다고 주인장을 또 어떻게 믿냐는 거지. 유전무죄 무전유죄가 판을 치는 세상 아니던가. 그도 그러한데 이제 하룻고양이는 범 무서운 줄을 알았을까. 여전히 모를까.

이래서 여태 여기에 산다

 점심을 먹고 마로니에 가로수길을 걸으며 B가 말했다.
 "그대는 연구 대상이야."라며 지금 우리가 걷고 있는 가로수길 너머 신도시가 개발되면서 아파트값이 천정부지로 치솟았다는 이야기에 열변을 토한다. 미안하지만 나는 부동산 따위에 관심 없다며 말끝을 흐리곤 애써 나무의 표피를 어루만졌다.
 그는 여전히 미련인지 애착인지 몇 마디를 잇는다.
 "지금이 8~90년대 판자촌에 틀어 앉아 재개발을 바라볼 것도 아닌데 그 강 건너 시골 아파트에 30년이나 뼈를 묻고 사냐. 새집을 분양받아 프리미엄 받아넘기고 해야 돈을 벌지."
 너풀너풀한 마로니에 잎사귀 사이로 고층아파트들이 낯설다. 하긴 B가 보기엔 내가 답답했을 것이다. 한 자리에 처박혀 세상 변하는 줄 모르고 살고 있었으니. 그렇다고 그의 말에 귀를 열어 별안간 도시로의 귀환을 생각한다거나 그런 생각은 추호도 없다. 도시의 욕망과 재테크가 아무리 함수관계에 놓였다지만 사람은 누구나 저마다의 방식을 가지고 살지 않을까.

　나의 신혼은 최루탄 가스를 마시며 시장엘 다녀오고 데모가를 들으며 시작했다. 돌 지난 아기와 낮잠을 잤다. 그렇게 시내 복판에 있는 대학 근처에서 3년의 신혼생활을 보내고 근교에 있는 작은 시골로 이사를 왔다. 미래에 재산 가치가 되느냐 마느냐 이런 것들에 하등의 관심조차 없이 1995년 봄이 오기 전 나는 상기된 얼굴로 강을 건넜다. 모래사장에 매어 놓지 않은 빈 배 하나. 더욱이 고향에선 골짜기에서 내려오는 개울물만 눈에 익은 터라 강이라는 존재감이 주는 자체에 입이 벌어질 수밖에. 아무튼 수월찮게 흘러왔든 충일하게 흘러왔든 근 30여 년을 함께 흘러왔다.

　오늘도 서점에 들러 책을 사고 낙동강을 건너, 집으로 가는 중이다. 강물은 세상일에 관심 없다는 듯 무심히 흐르고 잇대어 있는 광역시와 작은 면 소재지의 경계를 지난 버스는 사문의 마을에 닿는다. 들녘은 어성초 밭고랑으로 짙푸르다. 엎어진 양파 대를 파헤친 밭고랑마다 붉은 자루가 벽돌처럼 쌓였다. 하기사 입주하고 반상회를 하면서 만난 이웃들은 몇 년이 흐른 후 다시 강을 건너 도시로 떠나갔다. 기껏해야 위층에 동갑내기 남주가 남아 갈비도 구워 먹고 횟집에도 간다.

　천천히 생각건대 그들은 세상의 거대한 크루즈에 편승하지 못한 나를 무한한 비애자로 볼까. 세상을 초월한 고답주의자로 볼까. 소심하게도 낮에 들은 연구 대상이라는 단어는 불쾌하다 못해 저녁을 준비하는 내내 날카롭게 나를 스쳤다. 놋주발마냥 무겁다. 애호박을 숭숭 썰어 넣고 빡빡한 된장찌개를 끓이며 우엉잎을 쪘다. 베란다 창으로 개살구 익어가듯 하늘이 노랗다. 앞치마를 벗어 던졌다. 하긴 오래된 버릇이다. 아파트를 벗어나 반촌의 마실을 돌아다니는 일.

후문을 나섰다. 공사 중인 길은 엉망이었다. 쩔룸쩔룸 갓길을 걸었다. 자두나무가 있는 낚시터와 암자까지 다녀올 참이다. 도로가 나면서 탱자나무는 베어나가고 소를 키우던 할머니의 마당엔 잡초만 무성하다. 바람이 축축하다. 항시 녹슨 철대문을 열어놓고 마루 끝에 나와 있던 상노인의 집을 돌아가면 야트막한 동산이 있다. 나는 봄날의 절반을 그곳에서 보낸다. 남편과 싸웠다며 찾아온 친구를 데려간 곳. 사는 일이 팍팍하다며 김밥 들고 찾아온 후배와 생경한 봉분옆에 앉아 강 건너 도시를 바라보는 일. 산천에 새잎 돋아나는 봄만 되면 발이 저절로 강을 건너더라는 지인과 씀바귀, 개망초, 꽃다지, 지칭개, 산부추, 광대풀을 뜯었다. 초대하지 않은 그들과 밭고랑에 퍼질러 앉아 봄을 즐겼다. 봄바람처럼 강을 건너오고 봄 손님처럼 떠나갔다.

며칠 전 휘두른 바람 탓이었나. 생 도토리들이 절 마당 구석에 소복하다. 낚시터 초입에 회화나무 아래 백구가 낮게 엎드려 뼈다귀를 핥는다. 새끼가 어미가 되고 어미는 또 새끼를 잉태하며 몇 대를 이었다.

열무를 솎아내던 할머니가 "날이 가물어서카는가 꽃도 벌도 시원찮으니 자두 열매가 귀해." 하신다.

요즘 마을 입구 대추나무집 마당이 풀밭으로 변했더라는 나의 말에 날 받아놓고 죽는 사람 없다 하신다.

"하긴 저승길이 대문밖에 있으니께."

잠시 섬찍지근 소름 돋는다. 정신없이 곤두박질치던 생각이 잠시 혼돈을 가져왔다. 그만하라고 무논에서 개구리가 쉴 새 없이 위로의 어조를 흘린다. 곧 도화가 피겠구나. 노란 벌통 옆 사과나무 과수원은 묵밭으로 변해 가는지 풋사과 꼴이 개복숭아 꼴이다. 무성한 개똥쑥 가지를 분질러 코에 박고서는 논과 논 사잇길을 걷는다. 외발을 한 백로가 하늘 한번 쳐다보고 무논 한번 휘젓고 날았다. 찔레 넝쿨은 어느새 얽히고설켜 숲을 이루었다. 공터에 개망초 흐드러졌다.

오래전 굴참나무와 소나무로 우거진 돌산은 공원으로 바뀌었다. 그 공원의 꼭대기에 앉아 강 건너 비슬산 삼필봉에 내려앉은 운무를 보는 일. 수십여 개의 수박 하우스와 강물이 동침하고 누운 저녁답. 어느 것 하나 때가 없다. 강변의 은행나무는 초록으로 물들었다. 곧 가을을 몰고 올 거야. 가끔 저 달맞이꽃이 피는 강변을 따라 걷노라면 말발굽 소리를 앞세워 위풍당당하게 걸어오는 말과 눈을 마주치곤 했다.

주말이면 남편은 나를 데리고 강변에 가기 좋아한다. 가슴까지 오는 장화를 신고 물속으로 첨벙첨벙 걸어가 낚싯대를 던지는 모습을 보노라면 그의 청년 시절이 떠오르곤 했다. 그것은 흡사 로버트 레드포드 감독이 제작한 〈흐르는 강물처럼〉에서 미국 몬태나주 블랙풋 강가를 배경으로 펼쳐지던 폴과 노먼의 루어낚시 장면을 연상케 한다. 나는 늘 그 장면이 좋아 줄기차게 사진으로 남겼다.

내일은 두충나무 가로수길을 따라 큰 저수지가 있는 못골까지 다녀올 참이다. 오백 년 넘은 배나무의 안부도 물어야지. 봄날에 그 양반이 피워내는 꽃을 보고 있노라면 눈물겹더라는 거. 나무가 아니라 한 사람의 전부가 환으로 뭉쳐진 느낌. 그 경이로움 앞에선 늘 속수무책이었어.

이제 집으로 가야겠다. 퇴근한 사내가 한 여인을 찾아 논둑길 중간쯤에서 부른다. 배고프니 어여 내려오라는 손짓이다. 개망초와 강아지풀을 꺾어 들고 키가 큰 남자의 뒤를 졸래졸래 따라 후문을 들어섰다. 베란다에 접 마늘과 시래기를 달아 놓고 사는 사람들. 어느 곳에도 관계하지 않고 적당하게 비켜서 있는 경계선에 있는 마을.

집으로 돌아왔다. 적당한 근육질의 남자가 샤워하는 동안 개망초로 꽃꽂이하고 저녁밥을 차린다. 잘 익은 하늘은 온데간데없다. 어둠살 내렸다. 국기 게양대와 당단풍나무 사이에 울던 새는 돌아가고 밤을 몰고 온 소쩍새가 그저 한세월 속아달라고 자꾸 운다.

  느직느직 축적되어 온 시간이 쌓인 곳. 여기에 나를 내려놓고 나니 한량없이 편하다. 나는 이래서 여태 여기에 산다.

한밤중에 찾아온 손님

 자정이 가깝다. 가족들은 건넌방과 본채로 들고 나는 부엌 옆방에 들었다. 이상한 일이다. 퍼붓는 빗소리에 치맛단 끄는 소리가 웬 말인가. 불을 켜고 밖을 두리번거려 보지만 아무도 없다. 낮에 거두어들인 아로니아 열매가 처마 안쪽에서 외등에 검게 빛나고 낙숫물만 요란할 뿐. 오가피나무가 있는 마당 끄트머리까지 살펴보다가 누웠다. 정체불명의 소리에 몸이 오그라든다. 다시금 대숲을 걷는 소리가 들렸다. 누기 집이 비어 있었다는 것을 알았을까.
 작년 가을 엄마가 쓰러졌다. 만년 설산같이 이 집을 지켜줄 줄 알았건만. 본적을 잃어버린 것처럼 허했을 6남매들이 마음 둘 곳 없기는 당연지사 아닐까. 모처럼 아로니아 수확을 빌미로 엄마가 부재인 친정집에 모였다. 아로니아가 익어 갈 즈음이면 엄마의 걱정은 이만저만 아니었다. 새들과 전쟁을 치르는 일이 일상이었으니. 허수아비를 세우고 냄비뚜껑을 두드렸다. 지치면 풀밭에 쪼그리고 앉아 밭고랑을 쪼종거리며 뛰는 새들에게 말을 붙였을 것이다. 그런 당신이 언제부터 새 떼를 상대로 협상과 타협이라는 걸 했을까. 두어 해는 되었나.

"늙다리 할매가 엉딩이 질질 끌고 일하는 기 불쌍해 보였던지 온갖 새들이 날아와서 따주니 편코말고. 저거도 산 짐승 아니냐. 내가 쪼매 덜 먹지 뭐."

지극한 모순이지만 엄마와 새들 사이에는 파괴와 지탱이라는 모호한 관계가 성립되고 있었다. 누구는 먹이를 찾아 날아들었을 테고 누구는 떨어진 열매를 손쉽게 거둘 수 있다는 이점이 있다는 것. 나뭇가지와 밭고랑 사이의 간극을 저들만의 방식대로 해석하고 충족하면 그만이다. 이토록 괜찮은 협상을 어디에서 배웠을까. 서글프다. 협상전문가였던 당신은 병원에 누웠고 나는 당신의 빈방에 누웠다.

자정을 넘긴 지 한참이 지났다. 우중에도 앞산 노루가 캑캑 짖는다. 잃어버린 새끼를 찾는 어미 노루의 발걸음인가. 장맛비에 병든 고양이의 발걸음인가. 검붉은 열매가 익어가건만 얼굴 내밀지 않는 밭주인의 안부를 물으러 온 새들인가. 불을 켜면 사라지고 끄면 살아나는 소리. 얄궂다. 잠은 일찌감치 달아났고 가만히 누워 있자니 침잠하다. 엄마가 의지하던 〈겟세마네 기도〉 그림마저 고적하다.

문득 〈마농의 샘〉이라는 영화가 떠올랐다. 화면 가득 펼쳐지던 붉은 카네이션 꽃밭. 비록 인접한 이웃집 토지의 샘물을 막아 찌깔스럽게 사들여 시작한 농장이었지만 영화를 보는 내내 당신 생각이 났다. 꽃밭 언저리에 앉혀 드리고 싶었다. '참말로 곱구나 야야.' 수백 수천 번 감탄사를 흘리고도 남았을 텐데.

그때였다. 머리맡에서 가볍게 진동이 이는가 싶더니 이내 조용하다. 밤손님이 넘어진 겐가. 간신히 정신을 수습하고 소리가 들리는 곳에 귀를 열었다. 문지방을 넘어 온, 가로등 불빛이 비치는 구석진 곳에 검은 물체가 앉아 있었다. 머릿수건을 뒤집어쓴 여인네도, 운동화를 신고 복면을 한 남정네도, 새끼를 찾는 어미 노루나 병든 고양이는 더더욱 아니다. 그렇다고 안부를 물으러 온 새의 퍼덕임도 아니다. 엉뚱하게도 아기 얼굴만 한 검은 나방 한 마리.

나는 그곳에서 나방의 걸음을 보았다. 섬세한 더듬이가 잎을 더듬더니 도톰한 아랫배를 질질 끈다. 탈진하기를 몇 번인가. 방바닥 가장자리를 안간힘을 다해 걸어 다니고 있었다. 온밤새 몸을 끌고 걷고 다녔으니 피멍이 들어도 들었을 게다. 죽음의 사투에서 살아남았는데 '이깟 피멍쯤이야 어떤가.'라는 표정. 그랬다. 마당에서 저녁밥을 먹다가 불빛에 날아든 나방에 조카들이 다짜고짜로 모기약을 뿌려댔다. 생사의 갈림길에서 간신히 살아나 거처를 마련한 곳이 나의 침실. 그곳에서 빈집을 쩡쩡 울릴 만큼 재활에 들었던 녀석.

엄마와 별반 다를 게 뭔가. 벗겨진 줄도 모르는 신발, 손을 빠져나가는 바나나, 한발 나아가면 두 번 엎어지고 두 번 나아가면 피멍이 든다. 밥숟가락 들 힘을 키우고 엉덩이 들 힘을 키우고 잃어버린 감각을 찾으려고 종일 운동이다. 휠체어 바퀴를 굴리느라 손바닥의 허물이 벗겨져도 자식들 얼굴만 보면 웃으시는 당신. 오늘 밤은 저 안쓰러운 나방과 지독하게 닮았다. 둘의 통점이 맞닿은 저녁.

 두어 시간 잤을까. 젖은 풀향이 훅 끼친다. 남동생이 마당을 돌아가며 잡초를 베어 내고 있었다. 방충망에 턱 하니 붙박이처럼 달라붙은 나방 한 마리. 거참, 한 줌 분가루로 소복하게 사그라질 줄 알았더니 사뿐하게 날아올라 산골짜기의 여름 아침을 감상하고 있을 줄이야. 이것이야말로 참으로 어여쁜 한밤중의 손님이 아닌가.

벽

 대로변과 마트를 낀 삼각지점에 기다란 조립식 패널 건물이 들어섰다. 얼추 두어 해는 덩그런 공실로 있더니 물을 만났을까. 미용실과 타로점과 부동산이 간판을 내걸었다. 타로점 가게는 창문마다 짙은 선팅지가 발려 내부를 볼 수 없었다. 소년의 키만 한 좁은 문으로 드문드문 드나드는 사람들. 알고 보니 타로점 간판을 내건 무속학원이었다.

 나는 미용실 벽을 마주보고 앉았다. 벽 너머에선 정확하게 알아들을 수는 없지만 어떤 주문들이 나릿나릿하다. 그러거나 말거나 원장은 무뿌리 돋아나듯 돋아난 나의 흰머리를 빗질하며 염색약을 켜켜이 바른다. 소파에는 하품하던 손님과 머플러를 두른 손님이 차례를 기다리고 있었다. 대뜸, 하품하던 여자가 씩씩거렸다.

 "아유 지들이 감히 미래를 점쳐. 저 허황한 것들." 하고서는 문을 열고 나가 버리는 게 아닌가. 머플러를 두른 여자는 탁자에 놓인 뻥튀기를 입안에 녹이며 무반응이다. 거울에 비친 원장의 얼굴이 이러다간 손님 다 떨어질 기세라는 듯 복잡미묘하다.

'벌써 새벽 굿당 일은 마쳤나 보네.'라며 한숨을 푹푹 내쉰다.

무속이라는 단어가 벽 하나를 사이에 두고 이토록 가까운 곳에 있다는 게 놀라울 따름이었다. 그 안에선 어떤 일들이 행해질까. 지독한 신병을 앓다가 내림굿을 받은 사람들이 모였겠지. 무당의 예법과 사주풀이는 기본일 테고. 길흉화복에서 점괘를 치고 어떻게 점사를 뽑아낼까. 궁금한 것도 병이다 싶으니 훔쳐보고 싶단 생각이 불쑥 들었다. 하긴 그게 어디 쉬운가. 순간 어떤 섬뜩함과 습습함이 나를 젖게 만든다. 내 생각을 읽기라도 한 것처럼 원장이 말했다.

"처음에는 서로 몇 번 큰소리도 오갔는데 그치만 굿도 저들에게는 간절한 종교겠거니 해요."라며 염주 찬 손목을 들어 올리며 웃는다.

"더군다나 여기 전 카페 주인은 교회를 열심히 다녔답디다."

결국, 하나님과 부처님과 샤머니즘이 벽 하나를 사이에 두고 공존하고 있었던 것이다. 흰머리에 물이 드는 동안 비닐을 감싼 채 대로 건너편 산수유꽃을 쳐다보며 커피를 마신다. 왜 이리 싱숭생숭할까.

친정엄마는 김녕김씨 집성촌으로 시집을 들었다. 어찌나 제사가 많았는지 명절이면 아침에 시작해서 점심시간을 훨씬 지나서야 끝이 났다. 그랬던 엄마는 아버지의 오랜 병환에 지쳤는지 용하다는 무당을 찾아내 걸판지게 굿을 했다. 물을 뿜어내며 작두 타던 무당 뒤에서 빌고 또 빌었던 엄마. 그 굿판도 효과가 없자 결국, 문중의 반대를 무릅쓰고 신작로 근방에 있는 자그마한 교회에 나갔다. 어린 동생들은 당연한 듯 엄마를 따라 하나님을 찾았다.

보이지 않는 신들을 왜 찾아 나설까. 강력한 무신론자였던 나는 틈만 나면 산 아래 친구 집 마루에 걸터앉아 신을 욕했다. "저들이 신을 봤냐. 어리석은 인간들 참말로. 퉤퉤." 때론 나보다 더 열을 올리며 맞장구쳐주던 동무. 그 동무는 어른이 되자 사이비 종교에 빠졌다. 동생은 천주교를 믿던 아내를 따라 개종하고서는 주말마다 성당에서 봉사하는 일이 업인 양 산다. 어디를 가나 찬송가를 콧노래 부르던 지인은 그지께도 절에서 108배를 하고 왔다나. 선배는 걸핏하면 용하다고 소문난 점집을 찾아다니며 신도 그런 신은 없다고.

나는 유교 문화로 유명한 안동으로 시집을 갔다. 툇마루에 앉아 시어머님과 제수 손질하고 안동식혜 만들어 진설하는 법부터 배웠다. 족히 십여 년은 흘렀을까. 어머님은 아버님의 반대를 무릅쓰고 반달 꽃가방에 하얀 레이스 미사보와 성경책을 넣어 면소에 있는 자그마한 공소에 다니셨다.

이 글을 쓰고 있자니 종교의 자유가 함의하고 있는 게 뭘까 싶다. 여기에서 자유란 종교의 유무겠지만 한편으론 신을 바꿀 자유도 포함되는 게 아닐까 싶다. 그렇다고 내가 속성으로 깨달음을 얻은 것도 아닐 텐데 말이다. 그냥 그런 생각이 들더라는 것. 저급한 신이 어디 있고 고급진 신이 어디 있을까. 어느 날 종교가 왔고 어느 날 종교가 날아갈 수도 있을 것이다. 자신의 아픔이나 간지러운 곳을 즉각 보듬어주지 않아서. 귀히 여기는 가족과의 화합으로. 때론 보이지 않는 상처나 귀가 얇아진 탓도 있으리라.

아무튼, 신은 오늘도 벽 하나를 사이에 두고 어딘가에 깃든 채 누군가의 응답을 기다릴 것이다. 미용실 옆집에도, 가시덤불 속에서도, 소읍에도 산다. 해안 절벽이나 오일장 방앗간 모퉁이를 돌아 골목 끄트머리 집에도 산다. 칠보산 아래 오리목 숲으로 둘러쳐진 마을, 불타버린 노물리 꼭대기. 해운대 횟집 건너 빵집, 청담동 일식집에도 살 터. 모든 걸 빼앗기고 쫓겨난 강남 헌인마을에도 산다. 누구라도 문을 두드려 부르면 부드러운 미소로 화답하지 않을까.

무릇 종교란 다음 세계에 대한 어떤 궁극적인 진실은 차치하더라도 산 자의 넋두리를 풀어내는 일. 자신의 신을 찾아 앞날을 점치고 기도하고 불공을 드리는 것도 개인의 신앙적 구원을 떠나 타인의 순탄한 삶을 위해 나서는 일. 먼저 섬겼든 나중에 섬길 신이든 무엇이 중한가.

나는 여전히 누구의 대역도 아닌 무신론자. 내가 할 수 있는 것이 아무것도 없다. 그럼에도 벽 너머에서 전해지는 어떠한 기도문이든 자장가 삼아 잠들 날이 오기를 꿈꾼다면 심판의 대상일는지.

뻥튀기를 먹던 여자는 아직 떠나지 않았다. 귀를 씻고 달려가 멱살이라도 잡을 태세로 밖으로 나간 여자는 여태 돌아오지 않고.

연당의 여인

"아니 황량하기 이를 데 없고 볼품없는 저곳이 연밭이라고요?"

그림을 그리는 L이 믿지 못하겠다며 몇 번이고 되물었다. 누렇게 말라 꼬꾸라진 연꽃의 죽음 너머는 처음 본 듯하다. 상상도 못 했다는 듯 눈이 휘둥그레진다. 꽃 중에 군자라 일컫는 연꽃. 덩굴지지 않고 진흙에 물들지 않으며 다붓하게 서 있는 품만 봐온 터라 적잖이 놀라웠던 모양이다.

검은빛을 띤 연의 대가 절반을 꺾어 진흙에 묻힐 즈음 내가 사는 반농의 마을은 연근을 캐느라 정신이 없다. 연밥 없는 잎사귀마저 고꾸라진다. 그러고 보니 둥근 연잎으로 그득하게 덮일 날은 아직 멀었다. 우린 연근 캐는 농부를 뒤로하고 두충나무 사잇길을 한참이나 걸었다.

나는 오래전부터 하루에도 몇 번씩 들여다보곤 하는 그림 한 점을 떠올린다. 혜원 신윤복이 비단에 수묵담채로 그린 〈연당의 여인〉이라는 작품이다. 그림을 볼 줄 아는 눈이 있는 것도 아니고 그냥 보고 있으면 휘파람이라도 불고 싶은 기분이 랄까. 아무튼, 이유 없이 편안하다.

화면의 반을 연당(蓮唐)으로 채운 어느 후원 별당 툇마루에 여인이 홀로 걸터앉아 있다. 왼손에 든 연죽은 아래로 늘어뜨리고 오른손에 든 생황은 하늘을 보고 있다. 밉지 않은 들창코에 연씨 같은 눈은 어딜 그리 보느라 내리깔고 있는지. 가체머리 둥글게 말아 정수리에 올린 얹은머리는 한 마리 나비일세. 짧은 저고리와 가슴을 가린 풍성한 치마허리에 푸르스름한 채색으로 물든 옷매무새가 단아한 듯 홀린 듯하다. 치마폭이 거들떠 올라가서 단속곳이 깊숙이 드러난다. 작고 가녀려 보이는 발목을 감싼 버선코마저 미세한 감정이 묻어난다.

여인의 빼딱하게 벌린 두 발 놓임새와 앉음새에서 풍류가 흐른다. 기필코 여염집 아낙은 아닐 것이다. 미루어 짐작건대 맵시의 여인은 필시 꽃 같은 전성기를 한참 지난 퇴기가 아닐까 싶다. 흐트러진 연잎과 볼그레한 연꽃 핀 연당 가 툇마루에 앉아 옛일을 떠올리고 있나 보다. 한 자 두 치 연죽의 은수복 대통에다 알맞게 눅진거리는 성천초를 그득 담고 엄지 끝으로 꼭꼭 눌러 말아 피워보지만, 시간은 그리 더디게만 가는지.

뙤약볕에 찾아오는 이 없고 연죽과 생황이 제아무리 곁을 지킨다 한들 어찌 여인의 무료함을 달래주려나. 옛 시절이 화려한 만큼 쓸쓸함도 배가 되는 걸까. 팔월 삼복이나, 여전히 싱그러운 넓고 푸른 잎들 사이에 분홍 꽃망울을 터뜨리는 연꽃과는 대조적으로 여인은 잠시 수심에 잠긴 듯한 표정이다. 나른한 한낮 고요가 깔린 후원에 초점 없는 시선으로 상념에 잠겨 무슨 생각을 하고 있을까. 생황에 애끊는 통곡을 담아내다 연꽃에 잠시 눈을 맞춘다.

등짐장수들의 발걸음이 문지방을 닳도록 드나들었으면 뭐하랴. 앵두 같은 입술도 낭만과 에로틱도 한 시절 건너가면 바래지는 것. 한때 색정 넘치는 맵시에 박속 같은 살결에 파고들었던 뭇 남정네들을 떠올리는 겐가. 가지지 못할 사랑에 가슴앓이도 했을 것이며 젊디젊은 복사꽃 같은 여인이 치고 들어와 마음으로 품었던 박 초시 품에 와락 안길 땐 그녀인들 시샘하지 않았겠는가. 가슴으로 품을 수밖에 없는 정인이라도 오는 날에는 버선발로 후원 뜨락까지 쫓아가 담장 너머로 고개 빼고 기다리기를 어언 수십 번에 사슴 모가지가 되었으리라.

낭창낭창 달밤에 임 보내놓고 가시는 뒷모습에 얼마나 가슴앓이했을는지. 오월 밤꽃이 들이치고 소쩍새 울어오는 툇마루에 앉아 달빛이 부서지도록 '정석가'를 읊조린들 모래땅에 심은 구운 밤에서 싹이 날 리도 만무하겠지만 그 만무함의 간절함 뒤에 혹여 싹이라도 날까? 그리하여 덕행 있는 임과 이별이라도 하는 날이 오면 어쩔까 애태우며 지샌 밤이 어이 어리석다 할 것이랴.

사방 일곱 걸음을 걸어가지 못하고 떼어놓는 걸음마다 연꽃이 피어나길 학수고대하며 여인이 청정한 걸음으로 피워냈을 그 연당 가에 앉고 보니 그곳이 연화장세계인 것을 여인은 일찌감치 알고 있었는지도 모를 일.

# 제2부

짧은 노트

안개에 깃들다

 안개 범벅에 사방이 희다. 낙동강에 휘감긴 사문의 마을에 닿자 한 치 앞이 보이지 않는다. 버스에서 내려 집까지 십여 분을 걷는다. 이쯤에 돌돔과 광어가 유영하는 수족관이 있는 자리. 저쯤에 치킨 가게와 열쇠 가게. 여기 목련과 산수유나무가 있는 자리. 가늠한다는 거. 모름지기 이곳 원주민만의 오랜 관찰과 사유 없이는 불가능할 것이다.

 어디든 사람 들어 묵고 있을 아파트 불빛들. 먼 바다로 나간 오징어잡이 배의 집어등마냥 너울거린다. 얼금얼금한 불빛을 등지고 걸어오는 한 무더기의 사람. 식당에서 문을 열고 나오는 종소리. 사물의 형체는 묻고서 걸음과 종소리가 먼저 도착하는 저녁. 칼날이란 날은 죄다 뭉텅뭉텅 잘라먹고 이도 저도 아닌 흐물거림만 둥둥 떠다니는 섬들 지천이다.

 문득 가슴이 저미어 오는 건 왜일까. 궁색한 변명 같지만 봄이 오는 동안 난 갓 튀겨 낸 튀밥이었다. 잠시라도 오늘 밤 안개 범벅이 주는 고요함에 나를 묻고 싶다. 후문 근처 벤치에 축축한 물기를 닦아낸다. 흙내음 훅 끼친다. 눈 뚫어지게 보아도 강 건너 비슬산 자락은 온데간데없다. 휴대폰 불빛을 켜니 영상 13도다. 그제야 옆 벤치 노공이 눈에 들었다. 혹여 저 속인의 노공마저 잠시 인간세계를 다녀가는 선령은 아닐까 하는. 하긴 이 능청스러운 생각을 맑은 날에 하겠는가.

느닷없이 며칠 전의 일이 떠올랐다. 노트북으로 작업을 하는 중 화면에 갑자기 비슷한 연령대가 많이 찾은 쇼핑 목록이 떴다.

매스틱/해남고구마/글루타치온/스프링 아우터/지압슬리퍼/오차드토이즈
알타핏리커버리슬리퍼/차량용방향제/Z플립4케이스/홍게/냉이

아는 거라고는 서너 가지뿐. 익숙하지 않은 이 이름들은 도대체 어디에다 사용하는 물건인지 충격이 일어 검색해 볼 기운조차 없었다. 세상을 등진 은둔자도 아니건만. 글로벌한 쇼핑 문화의 기준에 부합하지 못한 게으름일까. 비슷한 연령대에서 적잖이 밀려나 변방의 아웃사이더가 되어 버린 지금. 그 생각을 하자 다시 혼란스럽다. 지척에 앉은 노공이 일어섰다. 자박자박 신발 끄는 소리를 남기고 사라졌다. 콧 속으로 훅 빨

려들어오던, 이건 필시 안개 냄새다.

　이내 걷잡을 수 없이 여기저기서 내년으로 다가온 총선에 너나 할 것 없이 물밑작업에 여념 없다. 판세는 어떻게 돌아갈지. 여야 강경대치 속에 할 일은 산재해 있건만 진척 없기는 마찬가지. 얼키설키 뒤얽힌 국제정세는 어떻고. 전략을 뒤춤에 감춘 채 한사코 두 얼굴로 들이밀고 있으니. 정치에 부박한 무속인이 등장한다는 둥, 질적 성장을 위한 정책 방향도, 포용과 다양성을 담은 건강한 정치는 어디에 묻혔는지. 이래저래 죄다 동굴뿐이라고 일컫는 것은 혼자 가지는 기우의 소산들인 거지 뭐.

　삼경을 지난다. 안개에 발목을 적신 밤새가 강변으로 날아올랐다. 고층 아파트에서 들려오는 애완견 짖는 소리. 산 아랫마을에서 천겹의 물방울을 가로질러 오는 닭 울음. 나는 더듬이를 만들어 벌초하듯 길을 내며 집으로 돌아간다.

　'가을 안개는 천 석을 올리고 봄 안개는 천 석을 내린다.'는데 지금까지 길이 보이지 않는 안개에 대한 정의를 내리지 못하는 밤. 어쩌자고 이 보리곰팡내를 풀풀 풍기며 봄밤에 덮쳐왔는지 말 좀 해보게.

행운을 훔칠 결심

 푸릇하게 돋아난 고구마 싹을 창가에 뒀다. 이깟 여린 잎사귀가 무어라고 이리도 연연해하는지. 내 고단함을 당신이 먼저 보고 있었던가.

 "지금 우리 집 행운목은 온통 꽃망울. 100년에 한 번 핀다죠."
 대학병원에서 수십 년간 환자들 내면세계를 치유하며 살아왔던 그가 사진 한 장을 보내왔다. 휴식에 든 당신을 위한 환대의 꽃일 거라고 딥을 했다. 그 꽃이 뭐라고 외려 나를 위로하고 싶단 생각이 드는 게 아닌가. 일정에 없던 특강과 월간지에 실을 인터뷰, 원고 마감에 쫓겨 머리는 뜨거운 김을 뿜어댔다. 눈을 뜨는 일은 늘 안갯속이었고 입술은 부르트기 일쑤였다. 여북하면 세수도 하지 않고 바다로 치달렸을까. 달빛에 기대 두어 시간을 보내다 자정을 훨씬 넘기고서야 돌아와봤지만 잠시뿐.

 밑져야 본전 아닌가. 생떼 쓰듯 나를 초대하라고 통보했다. 꽃이 절정이라는 날 드디어 행운을 훔칠 결심을 하고 집을 나섰다. 사거리 전광판에 '미세먼지 없음'이라 적힌 글귀에 싱그런 잎사귀가 넌출거린다. 버스에서 내리는 순간 치맛자락에 걸려 넘어졌다. 평소 같으면 피멍이라도 들었을 테지만 이토록 멀쩡할 수 있다니. 단골집에서 점심 메뉴로 먹은 낙지. 여태 본 적 없던 크기에 놀랄 수밖에. 벌써 길운의 서막이 시작된 건가.

이제 행운을 만날 시간. 현관문을 들어서자마자 꽃향이 감돈다. 천장에 닿을 듯한 고목이다. 부러 안았다. 묘한 기분이 든다. 흰 꽃이 게워 내는 향을 맡으며 나눈 대화는 향긋하면서도 서프라이즈했다. 우리나라 대학생 절반은 현금 10억과 감옥 생활 1년은 맞바꿀 수 있다고 한다. 이렇게 된 데는 누구의 책임일까. 참 '웃프다'는 말을 실감한다.

흔히 셋만 모여도 주제가 되는 '1억행운챌린지'를 잇는다. 세계여행, 명품가방, 주식투자와 아무리 생각해도 하고 싶은 게 없다는 사람. 이 다양한 대답에 옳고 그름이나 지혜와 우둔함을 대입시킬 수는 없다. 이미 '행운'의 정의는 내려져 있으니 얽어 꿰차며 각자도생으로 살아가는 것도 한 방편이 아니겠는가.

그렇지만 집으로 돌아오는 버스에서 제법 진지하게 고민이라는 걸 해봤다. 1억이 생기면 뭘 하지. 마당 넓은 집으로 가자니 턱없이 부족한 금액이다. 자식들에게 나누어주자니 부엉이 곳간으로 채울 리 만무하고 은행에 묻어 두자니 마네킹을 보는 듯 변화 없는 거래는 싫다. 그렇다면 난 도대체 요행을 훔처 뭘 하려고 했을까. 공술 한 잔이면 십 리도 마다하지 않는다더니 내가 그 꼴이었다.

하긴 행운이 왔다. 그리 고민해도 나오지 않던 글감이 기어나와 이 글을 쓰고 있잖은가. 그러다가도 여행 중인 동생이 보내온 사진에 급구 돌아선다. 그래. 굴러온 일억이면 탄력 좋은 천만 원짜리 낚싯대를 살 수 있겠단 생각. 그리곤 에콰도르의 바르톨로메 섬으로 단숨에 떠날 수 있다는 거. 다금바리에 글래스아이나 잡으며 너끈하게 두어 달 보내야지. 김치가 그리우면 돌아와야지. 태백산 심마니가 캔 천만 원짜리 산삼으로 입가심이나 하고 한잠 자고 나면 거뜬하지 않을까.

언뜻 미몽일지라도 이만하면 된 거다. 집으로 돌아와 '소리소문없이 행운을 훔쳐왔노라.' 소식 넣었더니 당신이 전하는 말.

'이미 내가 나누어준 복. 그대는 도둑이 아닐세. 그러니 원 없이 가져가시게.'라고.

사고뭉치등거리

　나의 고향에는 '사고뭉치등거리'라는 말이 있다. 밥 먹듯 사고나 치고 넘어지면 막대기 타령이나 하며 불안감을 유발하는 사람. 구태여 덧붙이자면 어른이 되어서도 허파에 쉰 사람을 말한다.

　돌연 이 단어에 천착하는 이유를 되짚어 봤다. 세속적인 욕망에 눈먼 이들이 거문고 페차고 산중에 들앉은 작금의 세태가 고울 리 없어서다. 이참에 '아이 사고뭉치등거리'였던 나를 고백한다. 돌이켜 보면 그때 내 감정들은 소 치는 목동의 회초리나 다름없었다.

　김홍도 흉내를 낸답시고 엄마의 광목 치맛자락을 잘라 그림을 그렸다. 피라미가 살던 웅덩이에 소금을 넣었더니 바다는커녕 물고기만 둥둥 떠올랐던 일. 라디오에서 들려오던 단막극을 재현하느라 아버지의 막걸리 주전자에 수십 개의 구멍을 뚫어 억지 빗소리를 만들었다. 무지개를 찾아 몇 개의 능선을 넘기도 했다. 우리집 큰 누렁이 개가 밀밭골에서 물고 온 새끼

노루한테 어쩌자고 밀기울떡을 먹였을까.

그리 사부작사부작 일을 질렀다. 생각해보면 소모적이거나 쓸데없는 짓들. 그 어떤 것도 나를 충족시키지 못했다. 그렇지마는 부모님은 내게 글러 먹었다거나 골칫덩어리라고 부르지 않았다. 당연한 건지도 모른다. 아주 모범생이었고 아주 사고뭉치였으니.

사고의 부재는 왜 생길까. 아무래도 감정의 요소와 밀접하단 생각이 요즘 든다. 남미대륙 최남단에 사는 '야간족'이라는 원주민들이 사용하는 '마밀라피나타파이(MamiHlapinatapai)'라는 단어가 있다. 서로에게 꼭 필요한 것이면서도 자신은 굳이 하고 싶지 않은 어떤 일에 대해서 상대방이 자원하여 해주기를 바란다는 뜻이라고 한다. 핵심은 감정의 부재로 압축하면 될 것이나.

문득 그때의 나를 떠올렸다. 내가 원하는 것을 읽어주지 못한 가족이나 곁의 사람. 그들이 '쟤는 이렇게 해주었으면 좋겠구먼' 하는 심리. 둘의 관계엔 괴리가 있을 것이다. 즉, 사고를 치는 피의자와 사고의 결과물에 선 피해자. 둘 사이에는 항시 보이지 않는 다양한 감정이 충돌하고 부딪친다. 시간이 흐르면서 최적의 균형점을 찾아가며 성장하기까지는 치는 자와 받히는 자가 될 것이다. 그만큼 사고뭉치등거리는 적정한 선에서 멈추어야 한다.

사고와 감정의 부재가 제대로 성장하지 못할 때 우리는 어떻게 될까. 유머러스하게 해석해보자면 사고(思考)를 하지 않아 사고가 굳어 버렸다는 표현 정도가 맞겠다. 뭉쳐 있으니 날카로운 비판은 고사하고 풍자나 해학마저 품을 줄 모르는 게지. 기득권 세력에 편승하여 권력을 지배하는 사이클에 안주하고 있으니 사유하며 성찰한다는 자체가 낯설지 않았을까. 생각 없는 이들이 워낙 생각을 좇느라 쥐구멍에서 다람쥐가 나오는 실상이고 보면 한숨부터 나온다.

위에서 언급한 단어의 해석은 가볍게 제쳐두고 반대의 측면에서 보자. 강변 버들개지에 코 박고 나비 따라 콧노래 부르다간 헛짓거리라 놀림 받기 일쑤다. 경쟁이라는 놈은 무리를 이끌고 저만치 앞서간다. 잔머리 굴리랴 과도한 눈치 보랴 약아빠진 사고(思考)에 제대로 박힌 생각이 나올 리 만무하잖은가.

그럼 너는 잘하고 있냐고? 맞아 여태 박우물에서 헤엄치고 앉았으니 궁리가 서겠는가. 여전히 '아이 사고뭉치등거리'에서 미적거리고 있는데 어른이 되어가는 첫 걸음은 멀기만 하다.

있고 없음에 대한 단상

  당신과 가끔 왔던 카페. 그 자리에 앉았어요.
  '윤영 님! 2020. 11. 28.' 그녀가 죽기 두 달 전에 쓴 내 이름. 2년이 지났지만, 혹여 온기라도 남았을까 싶어 쓰다듬어 봅니다. 투병 중인 작가에게 사인본을 예약하고 우편으로 받은 마지막 시집인 거지요.
  '잊어버린 건지 기억하는 건지 비가 내린다', 「입김」 전문을 읽는데 거짓말처럼 봄비가 내립니다. 잎눈이며 꽃눈에 닿자마자 부서지는 비의 몸뚱어리. 곧 '비'가 아닌 물. 시만 남고 '죽은 시인'. 묵직하지만, 보편적인 주제일 수도 있는 죽음. 딱히 말하자면 '있다는 것과 없다'에 대한 목소리가 맞을 듯합니다. 대관절 생사를 가름하는 기준은 뭘까요.
  '한 생명체의 모든 기능이 완전히 정지되어 원형대로 회복될 수 없는 상태'를 대개의 학자는 죽음이라고 하잖아요. 나는 과학적 판정법이 아닌, 예컨대 뭉게구름이 흩어지는 속도? 만두피 정도의 두께? 들찔레 서너 송이의 부피? 아기가 달고 있는 속눈썹 무게? 이런 부드러운 죽음의 단위가 있다고 생각해요.

그러니 당신도 일흔까지만 살고 끝낼 거라는 둥 그런 엉뚱한 생각은 내팽개치세요. 그대만의 독단을 서슴없이 개입시키며 기필코 진행할 거라던 말. 그리 달가워 보이진 않더군요. 천하의 명의였던 편작(扁鵲)도 죽음을 관장하지는 못해요.

사실 근자에 들어 죽음과 이별, 죽은 자와 산 자를 두고 혼돈이 잦습니다. 물론 죽음의 범주에 이별이 포함되겠지만요. 가령 오래전 아프리카로 떠난 선배의 갑작스러운 부음을 들었다면 죽음의 범위는 어디서부터 시작되는 건지. 그렇다고 이별을 죽음으로 분류하진 않을 테고. 그럼 없는 사람도 이별이라 생각하면 산 자가 아닐까요. 일례로 44층의 사기꾼은 나에겐 투명 인간이라면 죽은 자가 맞겠죠.

또 하나. 죽음에도 농도가 있다는 생각은 들지 않던가요. 예를 들어 50년을 마주 보며 살던 앞집 아저씨가 하늘로 갔다고 칩시다. 아무런 심경의 변화가 없습니다. 하지만 한 번도 만난 적 없던 연예인이나 딱 한 번 만났던 사람의 부재가 긴 상처로 남기도 하잖아요. 이런 걸 보면 비애의 농도는 굳이 시간이나 잦은 만남의 비례와는 상관없나 봅니다.

이쯤에서 왜 엔트로피의 법칙이 떠올랐을까요. 모든 물질과 에너지는 오직 질서화에서 무질서화로 변화한다는 법칙. 태어나는 순간 생명은 공정하고 합당한 질서에서 무질서가 내재 된 곳으로 가고 있다는 것. 저승사자의 안내를 따라간다는 느낌.

그렇지만 죽고 나면 한 사람의 생애가 끝막음이라는 것에는 동의할 수가 없습니다. 결국, 있고 없고 차이는 죽은 자와 산 자, 산 자와 산 자의 몫이니까요. 제게 죽은 시인은 산 자가 되고 살아있는 사기꾼은 죽은 자로 남아 있으니까요. 실로 한 끗 차이가 억겁으로 와닿습니다.

'어디 가닿지 못하고 국지성 호우 속에 수십 년 갇혀 있는 비.'

마지막 줄을 읽으며 성에 자욱한 유리창에 입김을 불며 없는 시인의 이름을 적습니다.

오늘은 간에 붙고 내일은 쓸개에 붙고

 아침밥을 굶는다는 것은 나에게 상상조차 하기 싫다. 그렇지만 일 년에 서너 번 검진으로 불가피하게 금식을 한다. 사나흘 밥 구경 못 한 거지 신세마냥 힘없이 걷는데 지하철 입구에서 청년 둘이서 설문지 조사를 하고 있었다. 모든 아이가 사람답게 살기를 위하는 일이라며 간단하게 반응을 보여주고 가라는 것이었다. 병원 예약 시간이 얼마 남지 않아 그냥 가려니 당신의 작은 힘을 보태달라는 말에 멈추어 섰다. 한두 방울 떨어지는 물방울 이미지와 밥알이 그려진 도판에 스티커를 붙이라는 게 아닌가. 밥과 물 중에서 더 중요하다고 생각되는 곳에 붙이란다.

 잠시 혼란스러웠다. 아니 잠시가 아니라 꽤 긴 시간 혼란스러웠다. 밥과 물의 위치를 바꾸어 보다가 다시 나를 그 위치에 맞춰 놓기도 했지만, 선뜻 스티커를 붙이지 못했다. 결국 난 밥이라는 글자에 스티커를 붙였다. 더군다나 아침에 금식을 하고 왔던 터라 배는 쉴새 없이 요동쳤다.

청년이 나에게 왜 밥을 선택했는지 간단하게 이유를 말해보라고 했다.

"일단 밥을 먹어야 배가 부르고 배가 부르면 저절로 에너지가 생기겠지요."

청년이 씩 웃었다. 지나가는 행인들은 무심한 듯 지나가건만 나는 뭘 그리 대단한, 아르바이트생을 도와준답시고 고민하고 갈등했는지.

병원에서 검진을 마치고 허기진 배를 누르며 약속한 친구와 만났다. 둘이서 4인분 해물찜을 보기 좋게 해치웠다. 커피를 마시고 수다를 떨다 보니 집으로 돌아가야 할 시간이 왔다. 부랴부랴 버스에 올랐지만, 문제는 갈증이 일어 안절부절로 화딱질이 난다는 거였다. 낮에 먹었던 해물찜이 짰던 모양이었다.

신둣 내려 편의점에서 물 한 병 살 수도 있겠지만 자주 오지 않는 버스를 다시 기다리는 것도, 이미 저녁밥 할 시간도 쫓기고 있지 않은가. 주유소를 지날 때마다 주유구에서 물이 쏟아지는 착시현상까지 일어났다. 낙동강을 건널 때에는 강물이 생수로 보였다.

견디고 견뎠다. 두어 정거장을 남겨두자 문득 아침나절 지하철 입구에서 밥과 물의 중요성에 대해서 조사를 하던 청년이 떠올랐다. 지금 이런 현상이라면 일말의 고민도 없이 물이 중요하다고 하지 않았을까. 오늘은 간에 붙고 내일은 쓸개에 붙는다는 속담이 꼭 나를 두고 한 말인 듯 풀이 죽어버린다.

사는 일이 무릇 그런 게 아닐까 싶다. 현실에 처한 내 상황을 그대로 직시하고 있다는 거. 내가 목이 마를 때는 물이 중요했고 배가 고플 때는 밥이 중요했다.

그나저나 밥과 물의 중요성에 대해서 왜 물었을까.

새들은 그렇게 죽어 갔다

 소읍에서 30년 지기 친구와 노포에서 청국장을 먹고 헤어졌다. 나는 부러 한갓진 소읍의 오후를 즐기며 걷는다. 이발관을 지나자 나불나불한 새깃유홍초꽃이 고물상 담장 위를 휘감았다. 반쯤 뜯어져 덜컹거리는 피아노 간판 앞을 지날 때였다. 세 아이가 강낭콩인지 나팔꽃인지 새들새들 골아가는 화분과 책가방을 전봇대 앞에 던져두고, 야단법석이었다. 무얼 그리 살피나 싶어 봤더니 그곳에는 죽은 새 한 마리와 새를 둘러싼 개미들의 행렬이 이어지고 있었다.

 가만 생각하니 새의 죽음은 늘 가까이에 있었다. 내가 어렸을 때도 그랬고 지금도 그렇다. 죽음이 익숙한 게 아니라 죽어 벌어진 광경이 익숙했다. 고층 유리창을 인지하지 못하고 숨을 몰아쉬며 죽어 가거나 방음벽에 부딪혀 화석으로 앙상하게 남았거나 공원 장미 숲 가운데 벌레들로 빈 데 없이 덮여 있던 새들.

 가만히 생각해 보면 무심이나 무감각은 어른과 맞바꾼 대가

가 아닌가 싶다. 가령 어른이 되기 전 아이들은 죽음의 의미를 인지하지 못했지만 죽은 새를 그냥 보고 지나치지 않았다. 납작한 배를 펼쳐놓고 뒤집어 죽은 새, 개울가 풀더미에 묻혀 있던 새. 탱자나무 가시에 걸려 피를 흘리던 새. 처마 끝 둥지에서 떨어져 고무신 위에 널브러져 있던 새.

막대기로 구덩이를 파고 고무신에 물을 담아 흙과 섞어 봉분을 만들었다. 오늘 어디에서나 어제 누빈 어느 곳이나 우리가 만든 무덤들은 즐비했고 또 잊혀갔다. 이래저래 뱀딸기 밭이나 우물가 살구나무 아래에 묻어 놓고 민들레 꽃잎이나 붉은 담쟁이 잎을 덮었다.

우린 여전히 새 무덤을 만드는 일에 헌신했고 그 헌신에 익숙해 있었다. 죽어 간 것들이 한둘이었을까마는 하필이면 왜 새에게 본능을 보였을까. 그저 본능에 가까운 제스처로 그들의 무덤을 만들고 꽃을 꺾어 바쳤을 것이다. 아마도 자라고 있는 자신들과 어리고 모질지 못한 새들을 보면서 느꼈을 동질감이 아니었을까.

"야 개미들이 이 새를 옮겨 갈 수 있을까?"

"야 막대기 찾아봐, 묻어주자."

그래봤자 새를 묻어 줄 흙 한 줌 땅 한 뙈기 없는데 어쩔꼬.

어쨌든 나팔꽃인지 강낭꽃인지 모를 화분만 시들어 간다.

펜에 대한 보고서

 남편이 사흘간 제주도 애월에 다녀오겠단다. 나는 아주 외롭고 허한 얼굴로 배웅하고선 돌아서서 입을 벙싯거리며 현관문을 단단히 걸었다. 이 명랑한 머릿속.

 저녁이 되자 자유를 누릴 그녀들이 단단한 현관문으로 들었다. 우린 30여 년 전 윗집과 옆집과 아랫집으로 만난 동네주민이었다. 잠시 떠났다가 돌아온 남주는 한결같이 위층에 살고 정봉은 도시의 외곽이 그리워 강의 안쪽으로 이사 갔다. 그렇게 셋이 원주민이 된 집에서 맨발로 만났으니 오죽할까. 걸핏하면 정전되던 옛날처럼 부러 불을 껐다. 마시던 맥주캔을 머리맡에 밀쳐 놓고 몸 가는 대로 눕는다. 한동안 기척 없다 싶으면 코 고는 소리. 오래된 집의 창문 우는 소리에 목소리 건너오고 다시 맥주 거품 일 듯 사그라드는 대화. 두런두런 이야기를 나누다가 새벽이 되어서야 각자의 집으로 돌아갔다. 다시 혼자다. 마저 남은 자유를 어디에 쓸까.

 새벽 3시. 이미 잠은 줄행랑을 쳤다. 뜬금없다는 말. 무언가에 홀린 듯 방방이 다니며 볼펜꽂이 통을 한곳에 그러모은다. 순식간에 100여 자루가 넘는 필기구들이 쏟아진다. 문구점을 그냥 지나치지 못하고 늘 두어 자루씩 사 모은 게 화근이었다. 자연히 신구(新舊)가 뒤섞여 한통속을 이룬 지 오래다. 볼펜의 평균 수명이 2여 년이라는데 십수 년을 방치했으니. 언제나 흔적은 내재되어 있던 시간을 끌어와 재구성하는 모양이다. 홍보기념품, 답례품, 여행지에서의 선물. 어느 종족에서 건너왔는지도 모를.

가짜 몽블랑. 부러지고 볼 빠지고 두어 방울 남은 대롱 속 액체. 몽당연필. 제 색을 내지 못하는 형광펜. 스프링 헐거워진 것들을 골라냈다. 첫 저서에 사인했던 붓펜은 굳었다. 볼이 회전하면서 흘러나온 잉크 일부는 퍽퍽 치니 숙변을 쏟아냈다. 일명 '볼펜똥'이다. 볼펜은 펜 끝에 장치된 자그마한 공 모양의 금속 볼을 끊임없이 회전시키고 연필은 칼날에 자기 몸을 맡겨 글자를 만든다. 더는 칼질할 몸과 회전되지 못한 볼이 무언가를 생산해 내지 못할 때 비로소 이들은 죽은 자가 아닐까.

죽은 자와 산 자를 심판하고 나니 손목이 얼얼하다. 그럼에도 촉촉한 글씨를 내뿜는 펜을 발견하는 일은 이 얼마나 큰 기쁨인가. 심판대로 사용되었던 이면지의 한 공간에 무심코 적어 내려간 문장. '아주 오래된 내 친구들 잘 돌아갔을까. 지금 애월의 새벽은 나의 자유보다 달콤한가?' 참 먼 길을 돌아왔단 생각 들지만, 모든 것은 늘 곁에서 앓는 소리를 냈는지도 모를 일이지. 앓는 소리에 잠들지 못한 채 오롯이 펜에 대한 보고서를 다시 쓰는 일. 따습기도 하더라는 거.

액체가 고체로 굳어가는 동안 한 여자는 그저 어느 변방과 도시의 경계를 잇는 다리 위에서 강물을 바라보곤 한다. 때론 어느 외곽에서 젖무덤으로 말랑말랑하게 살고 싶었고 때론 한 방을 기대하며 살고 싶었다. 상관없는 껍데기 따위에는 왜 그리 흔들렸는지. 소위 잘나가는 사람들. 부동산투기로 돈을 벌고 출세가도를 달리는 사람들. 돈 벌 재간도 없는 나를 보며 빈 대공을 채워 줄 차가운 피를 갈구했다. 그럴 때마다 펜대를 굴리고 자판을 두드렸다. 돌이켜 보면 그것은 내게 일종의 약이었지만 여전히 펜이 주는 비옥하고 무한한 약의 베일을 까발리지는 못했다. 이정쩡하게 흘러나온 글자들은 밤 고양이처럼 뒷골목의 담벼락에만 걸터 있었다. 실은 대로변이 그리웠고 볕이 그리웠다고.

이번엔 틀림없이 나를 세상 밖으로 드러내 줄 펜의 함성을 믿어볼 수밖에. 천천히 발등을 오므리고선 베란다에 섰다. 잿빛 블라인드 사이로 젖은 눈 날린다. 여전히 명랑한 머릿속.

어떤 풍경 1

 공터를 둘러싼 잡목숲에도 초겨울이 찾아들었다. 지난밤엔 비가 제법 내리더니 웅덩이마다 물이 흥건하다. 나는 익히 해 온 것처럼 베란다 창문을 열고 어떤 풍경을 보고 있다. 그러니까 노인들이 야트막한 동산이었던 그 터에 간이 살림을 꾸린 지는 그리 오래되지 않았다.

 정확히는 모르지만, 얼추 세 해쯤 되었을까. 아파트 후문을 벗어나면 세 갈래 길이 나 있었다. 내리막을 내려 성당으로 가는 길과 묵정밭 사잇길을 따라 암자로 가는 길, 근린공원으로 가는 길이 있었다. 자세한 내막은 모르지만, 어느 날 땅 주인이 암자와 성당으로 가는 길을 막아버렸다. 자연스럽게 삼각지가 만들어지면서 공터가 생긴 것이다.

 우리는 왜 비어있는 꼬락서니를 그대로 두지 못할까. 정원수 가지치기를 한 나뭇가지며 깨진 화분과 온갖 생활 쓰레기가 쏟아졌다. 절름발이에 빛바랜 의자. 짝이라곤 찾아볼 수 없는 낡고 삐걱거리는 의자들이 나날이 늘어갔다. 농짝이 나오고 거적때기가 깔린다. 용케도 의자가 늘어가자 조그마한 공터에 불과함에도 쓰레기장을 중심으로 노인들이 하나둘 모여드는 기이한 일이 벌어지고 있었다.

말 그대로 삐걱거리는 의자는 불안을 안고 있다. 불안감을 안더라도 사람을 만나고 싶었던 게다. 흔한 문짝도 가벽도 울타리도 없는 곳. 그야말로 한데가 아닌가. 딱히 정해진 시간도 법칙도 없이 그저 발길 닿는 대로 와서는 시간을 보낸다. 딱히 자랑할 그 어떤 물질이 없어도 되는 장소. 그곳에 그들만의 기착지를 만든 셈이다. 세상에 쓸모없는 공터는 없다는 듯 식전 댓바람도 좋고 해가 이운 저물녘도 좋다.

유난히 광대뼈가 도드라진 김 노인은 웅덩이 고인 물에 흙 묻은 장화를 씻고는 한자리를 꿰찼다. 텃밭에 다녀오던 팥죽색 조끼를 입은 할머니가 배춧잎 같은 플라스틱 의자에 앉는다. 노모차에 물통을 싣고 가던 노인이 방향을 튼다. 감색 털모자를 쓴 노파의 눈길은 강 건너 은행나무숲에 머문다. 허리 굽은 이는 잡목숲에 한약 재료 찌꺼기를 쏟아붓고 돌아서다가 틈바구니에 끼인다. 공공근로를 마친 이들까지 합세했다. 앉을 자리가 부족했을까. 마른 나뭇단에 걸터앉고, 고무통을 눌러놓은 벽돌을 치웠다. 간밤에 제사를 모셨는지 떡이 오가고 막걸리 종발이 오간다. 깻단을 두들기던 백발 성성한 노인이 일을 끝내고 두리번거린다. 초전댁은 무릎 수술을 하러 가고

어떤 풍경 1 ... 103

덕곡댁은 치매가 심해 요양원으로 떠났다. 늘상 외로 틀어 앉아 있던 노인이 보이지 않는다. 거창댁은 이사를 오고 산청댁은 먼 길을 떠났다.

이제 한파가 찾아오면 공터에 둥지를 틀었던 그네들도 꽤 길게 동안거에 들 것이다. 생이 길어질수록 이해할 수 있는 고통의 가짓수가 늘어간다고 했던가. 채전밭 한 귀퉁이 살구나무 환해지는 날, 또 감자 씨눈을 따고 분꽃 늘어지는 여름이면 무성하게 뻗은 고구마 줄기 껍질을 벗길 노인들. 숲은 열무를 다듬고 모과를 썰어 말릴 것도 안다. 절뚝거리며 뒤뚱거리며 여기까지 모인 생들.

겨울 지나 봄 지나고 여름 끝자락이면 키 작은 노인은 여전히 분꽃 씨앗을 받을 것이다. 잡목숲 싸리나무에 배춧잎 말라가고 느릅나무에 무청 말라가는 어느 하루. 어떤 풍경.

어떤 풍경 2

 나는 이따금 어떤 풍경을 본다. 그곳은 내가 사는 6층 집에서 그리 멀지 않다. 내려다보면 삼십 미터도 채 떨어지지 않아 보이지만 내려가면 구불구불한 궤적을 그린다. 달리 보면 정상 궤도를 이탈해 보인다고 할까. 아파트 곳곳에 비치된 정자와 노인정을 두고 굳이 쓰레기 범벅이 된 공터의 버려진 의자에 무표정으로 앉아 있는 사람들. 처음에는 그 모습을 보는 나의 감정이 결코, 간단치 않았다. 수시로 그 이유를 유추하다 문득 그들에겐 일종의 광장이 아닐까 하는 생각이 들었다. 사방으로 터인 공간에서 서로를 달래주는 일이 익숙했을 거라는. 결국, 자연의 흐름으로부터 자신을 차단하지 않겠다는 말이기도 하다.

 관찰이라는 단어에 각을 세울 필요는 없지만, 틈틈이 시야에서 놓치지 않으려고 애썼다. 멀지도 가깝지도 않은 적당한 거리. 나는 창가에 턱을 괴고 그들이 끊임없이 펼치는 몸짓과 표정을 주시한다. 뱉어내는 소리는 어차피 6층에 오르지 못함을 알고 있다. 귀를 쫑긋해봤자 말소리에 물을 섞어 놓은 듯 분석이 불가능하다. 차츰차츰 무언극을 본다는 느낌이랄까. 자연과 어우러져 펼치는 공연을 보는 관객은 오롯이 나 홀로다.

바람 부는 대로 돛을 달고 오다 보니 그럭저럭 여기까지 잘 왔다는 표정들. 더러는 정적과 허무가 한 바퀴 돌고 나간다. 애써 순환이라고 말하지 않아도 뒷짐 진 그 공간은 적당히 느긋하다. 평행선을 벗어나 발등을 찍고 철망 아래를 고개 숙여 기었다 한들 어떤가. 어느 귀퉁이인들 바람들지 않은 곳 있을까. 짓무르게 살았으면 어떻고 오동나무 장에 비단이불 쟁여 놓고 살았다 한들 그게 대수랴.

시간의 속성이나 인간의 속성은 멈추지 않고 흘러간다는 것이 아닐까. 시계를 고장 내고 신기술로 노화를 줄여도 노년은 온다. 명백한 사실이다. 고통과 상처를 수용하는 일쯤이야 도가 텄다는 표정. 그러기에 거꾸로 매달려도 사람 사는 이승이 낫다는 것을 익히 알아 호시절을 보내고 있는. 느릿느릿 흩어지고 어느 순간 슬그머니 모여 남은 시간을 잣는 풍부한 표정이 어찌 아름답지 않은가.

그렇다고 늘 팬터마임만 있는 것은 아니다. 어쩌다 개를 데리고 바지 뒤춤에 손이라도 넣은, 체구가 다부진 할아버지라도 나타날 때, 만사에 호들갑인 뿔테 안경을 쓴 할머니가 움직이는 날. 밤새 사라진 농작물의 범인이라도 유추하려고 소리칠 때. 토라진 두 할멈이 만나 할퀼 머리채는 없지만, 게거품을 물고 목청을 높일 때. 이러한 생생한 광경을 목격하는 날은 나도 모르게 슬며시 웃음이 나왔다. 이처럼 살아 있는 소란은 때론 묵언 수행보다 더 나를 수행에 이르게 한다.

아직은 맞닥뜨리지 못한, 나와는 별개인 듯한 '어떤 풍경'. 어느 날 갑자기 만들어진 황량한 공터에 허방을 만든 노인들. 정열도 한때의 절절함도 먼 나라의 언어인 듯 보내놓고 적당한 영역에서 해바라기를 즐기는 그들. 볕을 이고 와선 공터 한가운데 놓인 의자에 구부정한 등골을 뉘며 허기진 일상을 풀어내고선 볕을 지고 간다.

어떤 연속선의 한쪽 끝에서 걸어와 한쪽 끝을 밟으며 시작과 끝을 여물게도 매듭짓고 잇대어 사는 한 무리의 노년들. 그 위로 때까치들이 한동안 휘젓고 날아갔다. 하늘은 조금씩 아래로 내려왔다. 곧 어두워졌고 서쪽 하늘에 별이 뜰 것이다. 아득한 여정을 끝내고 집으로 돌아간 노인들은 또 달게 잠 들 것이다. 미량한 아침이 오고 저녁이 오겠지만 그 순간은 순간으로 남을 것이다. 구만리장천 어떤 풍경 너머에선 또 엉겅퀴꽃 피고 민들레가 필 거야.

마침내 스며든다

'항아리에 꽂아둔 청매화가 흐드러졌다. 고요하게도 피는구나.'

매년 봄이면 정 선생님은 정원에 있는 고목이 된 매화꽃 가지를 꺾어 안겨준다. 올해도 변함없이 기별을 받았다. 조만간 청매가 꽃잎을 열 것 같으니 다녀가라고.

소소리바람이 앞산 자락을 휘감았다. 구순 가까운 노작가는 장대를 들고 매화나무 가지를 끌어당기고 쉰 중반의 나는 가지를 낚는다. 아무리 깨금발을 딛고 손을 내밀어 보지만 좀체 잡히지 않는다. 꽃가지는 아득하기만 하고 꽃사냥은 멀기만 하구나.

잔가지 사이로 보이는 봄 하늘은 푸르기만 한데 선생이 뻗쳐 올린 양손은 연거푸 내려앉는다. 매번 가지를 놓치거나 장대를 놓치는 바람에 어린 유두 같은 망울들이 목덜미를 타고 가슴팍으로 흘러들었다. 수십 년 시간께가 허물어진다. 아리기도 하거니와 호젓하기도 한 한낮의 고요.

그렇다. 합세하여 얻은 매화가 지하철을 타고 낙동강을 건너왔으니 좀 귀한가. 눈을 감고 풋사과 빛의 꽃에 코를 오래 박았다. 마침내 스며든다. 번잡함을 다 묻고서 으레 그런 것처럼 스며든다. 속이 부푼다.

그 애먼 청매가 활짝 피었건만 노작가는 문자도 사진도 받으실 줄 모르니. 이사 온 꽃소식의 안부를 목소리로 전하는 오후, 꽃향이 환장하게 좋다 하였더니 그 꽃을 극진히 대하는 자네도 환장하게 좋다고 하신다.

장대를 뻗어 올리느라 살짝살짝 올라간 치마 아래로 보였던 노작가의 꽃신이 청매에 어린다. 그날 신발코에 피어났던 꽃은 흑장미였을까. 목단이었을까.

심중이 한량없이 맑다.

홍합탕을 끓이는 겨울 오후

 노인은 오랫동안 자리를 벗어나지 않았다. 어물전에서 홍합을 사고 쪽파 한 단을 사서 부러 두어 바퀴를 돌아왔지만, 여전히 갈등 구조에 휩싸인 낯빛이다. 방물장수 지게 풀어 놓은 듯 생필품이며 농사 도구에 두툼한 털신과 일바지와 컬러풀한 넥타이들까지 한켠을 차지한 반농의 동네 마트.
 팔순은 됨직한 자그마한 할아버지가 '특가 6,900원' 코너 옆에 비스듬히 지팡이를 세워두고 넥타이를 고르고 있었다. 귤빛 잠바에서 나프탈렌 냄새가 짙다. 20여 분은 족히 흘렀을 게다. 실로 넥타이를 고르는 일이 이렇게 비장하다니.
 연둣빛의 사선 문양과 노란 땡땡이 문양의 넥타이를 두고서는 고뇌가 깊어 보였다. 제법 심오하기까지 하다. 옷 전문점이 아니다 보니 거울이 있을 리 만무하다. 얼마나 답답할까. 혼잣말이 길어지더니 두 개의 넥타이를 번갈아 가며 맸다 풀기를 반복한다.
 봐주는 이 없는 구석진 곳에서 고심하던 할아버지를 생선가게 총각이 물끄러미 바라본다. 생경스럽다. 나는 서둘러 자리를 뜨고 싶었지만, 할아버지가 고를 넥타이가 자못 궁금하기도 했다. 괜히 옆에 있는 찹쌀현미 잡곡을 뒤적이며 딴짓을 했다. 곁눈질로 장바구니에 담긴 물건들을 보아하니 이 저녁 돌아가서 제사를 모실 모양인지 씨알 좋은 고등어와 불린 고사리와 도라지와 막걸리가 보인다. 여전히 노인의 고민은 현재진행형이다.

안쓰럽다. 급구 동행하지 않은 할머니에게로 미움이 옮겨갔다. 등 굽고 다리 절어 못 오신 겐가. 몸져누웠으려나. 아무 상관도 없는 어느 노인의 일거수일투족을 걱정하는 오지랖 넓은 내가 한심하다. 얼굴이 붉어져 서둘러 자리를 떴지만, 눈은 자꾸 넥타이 코너로 간다. 두어 가지 찬거리를 담아 계산대로 오니, 그 사이 노인이 내 앞에서 차례를 기다리고 있었다. 누구와 전화하는지 작은 체구의 목소리가 팽팽히다.

"그려 조심해서 오니라. 어마이 제삿장거리는 내가 다 봤으니 암것도 필요 없다."

목을 주억거리며 게 눈 감추듯 노인의 바구니 안을 훔쳤다. 심오하게 고뇌하던 땡땡이와 빗금 넥타이는 없었다. 잘 익은 대봉감 빛의 단색 넥타이와 지팡이를 실은 노인의 오토바이가 떠났다. 분설인지 진눈깨비인지 풀풀하게 눈 날리는 초겨울 오후.

슬몃슬몃 걸어오며 남천 붉은 열매 꺾어와 화병에 꽂았다. 홍합탕을 끓인다.

후유 다행이다

 최문자 시인의 시집을 펼쳤다.
 '첫 가게에서 흰 무명 양말을 샀다.'라는 부분을 읽고 있을 때, 메아리처럼 문장이 돌아왔다. 당황스러움도 잠시. 고개를 돌리니 네다섯 살은 되었을까.
 옆자리에 앉은 꼬마가 목을 빼고 내가 읽던 페이지를 훔쳐 읽고 있었다.
 그 후로도 때 타지 않은 목소리는 꽤 되돌아오기를 반복했다.
 나는 눈으로 읽고 아이는 입으로 읽는다. 두어 코스를 지나갈 무렵.
 이번엔 지하철 노선을 줄줄이 꿰찬다.
 동요를 부르며 달싹이는 입술이 우화를 목전에 둔 번데기다.
 저 순전한 입술로 얼마나 많은 말들을 삼키고 뱉어내야 성충이 될까.
 나팔나팔 흔들어 대는 꼬마의 구두코를 보면서 나는 환승을 하려고 일어섰다.

배시시 웃던 아이가 부끄러운 듯 손을 흔든다.

이내 마주 선 남자한테 예의 그 자갈돌 이는 목소리로 대화를 이어 나간다.

"아빠 내가 보니까 우리 칸엔 영대병원역에서 아무도 내리지 않았어. 고마운 일이야."

"응 오늘은 아픈 사람들이 없나 봐."

"후유 다행이다. 그치 아빠?"

딸내미를 바라보는 아빠의 눈길이 한없이 함초롬하다.

노랑 원피스에 콧방울만 한, 배추꽃인 듯 무꽃인 듯 흰 나비들 만발했다.

콩시루 세상만사

물에 불린 검은콩을 시루에 깔았다. 밤낮으로 물을 먹이는 일이 요즘 나의 일과다. 그러고 보니 뭔가를 먹인다는 문장이 걸린다. 단순히 보호나 돌봄을 떠나서 '길을 들인다'가 도사리고 있었다. 물을 먹여 심리적으로 지배를 하는 일. 불현듯 반란과 궐기가 허공을 떠다녔다.

암튼 먹인 물은 사미니가 이고 다니는 물동이만 한 시루 안에서 '차르르' 걸러지다 이윽고 '똑똑 탁탁' 남은 물방울을 떨쳐낸다. 새벽녘에 떨쳐내는 물소리를 듣노라면 목탁 소리 진배없다. 암튼, 올겨울 콩들이 모여 사는 작은 절간을 지었다. 검은 장막 안에 가둬 놓고 물을 먹여 길을 들인 것이다. 일주일간의 동안거에 들더니 착한 녀석들이 고깔모자를 벗으며 하얀 혀를 내민다. 외라는 불경은 들리지 않고 하늘을 향해 날름날름 떠드는 입들. 가만히 귀를 내민다.

"가스값이 난리래."
"2055년쯤에는 국민연금 기금 바닥 설도 있던데."

"이놈아 말조심해 압수수색 들어와."

"후쿠시마 오염수 방류가 코앞인데 대책 없다며."

"아휴 하루도 바람 잘 날이 없다니까."

바람 잘 날 없는 시루 밖으로 목을 빼 올린 너희들. 할 말은 많아 보이는데 어째 부여받은 생이 짧아 보인다. 내일 아침 식탁에 먼저 오를지도. 한 치 앞도 모르는 암둔한 녀석들. 할 말조차 하지 못한 콩들은 여전히 뒤엉킨 시루 속에서 난장판이다. 어쩌다가 두어 끼 굶긴 날에는 새들새들 삐쳐서는 고개를 획 꺾어버리지만 잠시뿐.

그저 물만 먹여도 싱글벙글. 시루 속은 아우내 장터. 내 콩이 크니 네 콩이 크니 서로 잘났다고 콩만 한 것들이 오졸거린다. 물에 잠겨 썩은 콩 씹은 얼굴, 겨우내 살아났는지 날콩 씹은 상판의 찡그린 얼굴, 오르지도 눕지도 못한 채 껍질만 덮어쓰고 있는 콩. 이도 저도 아닌 틈바구니에서 검은 법복 자락 고스란히 벗어놓고 해탈한 콩.

기고만장하며 설레발치던 콩나물을 뽑았다. 날름날름 떠들던 입들 닫아걸었다. 언뜻 절망과 희망은 처음부터 이분화되어 있지 않았단 생각이 이 순간에 왜 들까. 같은 말을 두고 A가 말하면 직격탄에 소신 발언이고, B가 말하면 비아냥이거나 날카롭게 대립각을 세웠다고 편파 보도하는 현실. 공연히 눈앞 콩나물에 미안했다.

나의 잣대로 심판을 하고 있었던 게다. 무럭무럭 성장하여 나물이 된 죄밖에 없었다고, 남들보다 승승장구하여 주인장 비위 맞추었더니 얼간이에 암둔한 녀석들이라는 비아냥거림만 얻었다고. 누군 목숨줄 뽑히는 걸 알면서도 의연히 먼저 일어나서 할 말은 하는 용기를 펼쳤다고 응원하는 이도 있더라는 표정. 항변이라도 하듯 입 닫고 새초롬하게 누웠다. 딴에는 가치실현일 것이고 공양 구현일 것으로 생각하지 않았을까.

'그 행간에 납작 엎드려 행동하지 않는 양심을 숨겨 놓은 채 아침 공양으로 콩나물국이나 끓이고 있는 그대야말로 허수아비가 아니던가.' 허공을 떠도는 말들이 나를 칭칭 감는다.

동백이가 사라졌다

 내가 사는 동네에 자그마한 단층 우체국이 있다. 검붉은 벽돌로 지어진 외관 안에는 이마가 동그랗고 똑 부러지게 생긴 젊은 국장과 수십 년째, 금융 파트를 맡은 영심 씨가 일한다.
 볼일 때문에 일주일에 두어 번 우체국을 드나드는 나로서는 귀찮기도 하지만 동백이가 있어 좋았다. 길을 걷다가 만나는 평범한 반농의 배경들은 덧거리인 게고. 오늘도 집을 나섰다. 두 남자의 공방에 목공예품은 나날이 늘어가고 문 닫은 중앙 자전거 점포엔 자개농만 늙어간다. 대낮부터 붉은 전등을 창가에 매달아 두는 돼지국밥집 주인의 심사는 뭘까. 모서리 약국 키 작은 약사는 늘 바쁘다. 발가락을 디밀며 무좀약을 달라는 노인, 아침부터 불콰한 얼굴로 박카스를 싣고 가는 노인.
 재활용 의류 공장을 지나 능소화와 동백나무가 있는 우체국 마당에 들어선다. 일주일 전부터 보이지 않던 녀석은 오늘도 부재중이다. 내심 기대를 하고 왔건만. 지난여름인가 가을인가 동백나무가 있는 꽃밭으로 고양이 가족이 이사를 왔다. 오가며 정들다 이름까지 붙여주었거늘. 동백이라고.

우편물을 보내고 녀석들이 없는 꽃밭 모퉁이에 섰다. 희한하리만큼 이 벽에 기대고 있으면 소식 뜸한 친구, 요양원에 계신 엄마가 마구 그리워진다는 거. 뒷방 늙은이 꼬리뼈처럼 앙상한 능소화도 시푸르죽죽한 동백나무도 봄날이 그리운가. 두 나무의 르네상스가 시작되면 우체국 창문은 온통 꽃장식으로 덮인다. 그 창문 아래 팔자 좋게 누운 녀석들을 볼 때면 맥없이 마음이 궁하곤 했는데.

나무를 목세권으로 끼고 태극기를 보증인으로 내세워 마련한 보금자리주택. 요즘처럼 꽁꽁 묶인 대출 걱정은 달나라 일. 사통팔달 햇살 들이치니 치솟는 가스값은 별나라 이야기. 다끼들 논자락 팔아 벼락부자가 된 이들의 돈다발 낌새는 또 어떻고. 그뿐이랴. 멀리 강이 보이는 조망권까지 가지지 않았는가. 기막힌 곳에 집 한 채 꿰차고 앉은 혜안이 몹시도 부러웠건만.

어느 한철은 능소화 꽃그늘에, 한철은 지는 동백 꽃잎에 누워 다디달게 잠들지 않았을까. 귀 밝은 통에 강변 은행잎 지는 소리, 여기저기 암자에서 흘러나온 염불에 씻었던 마음. 다산 들녘 오월은 연밭 천지 아니었던가. 닿는 곳마다 연꽃향 즈려밟고 돌아오니 궁궐터가 따로 없다 했거늘.

궁궐터 호사도 살아 보니 별수 없었던가. 근자에 들어 자주 집을 비우긴 했지만, 아무리 원인을 생각해봐도 딱히 이유가 없다. 힘 있는 카르텔들의 집 비우라는 엄포가 두려웠을까. 무데뽀로 들이닥친 무리의 폭거에 맞서 싸우다 덜컥 입원이라도 했으려나. 수백 수천 통의 세금고지서와 독촉장을 싣고 달리는 우편집배원의 고단함이 전해져 왔던가. 이도 저도 아니면 가뭄에 콩 나듯이 훔쳐 읽던 손편지의 부재였을까. 경기 악화로 문 걸어 잠근 공장에 직원들의 분통 터지는 소리 절절했던가. 새끼들 짝 맞춰 떠나보내고 나니 적적해서 먼 여행이라도 떠난 건지.

동백이 없는 꽃밭에도 봄이 오려나 모르겠네. 나는 마당을 나와 사거리 약국에서 몸살약을 샀다. 참 혹독한 겨울이다. 곧 동백꽃이 필 게다. 사라진 동백이네 식구는 돌아올까.

제3부

방랑자의 노트

그 겨울 불영사

 불영사 삼층석탑이 방염포를 입었다. 금강송 군락지와 천년 사찰을 보호하기 위해 방화선을 구축하는 장면이 잡힌다. 방화선 목선에 밤이 내려앉길 열흘쯤. 부처님 내민 물길인 듯 지금 내리는 봄비가 어여쁘다. 강원도 진부령과 향로봉에는 폭설이 내린다지. '213시간 만에 진화'라는 헤드라인에 나는 가만가만 사십 년 전을 떠올린다.

 서울에서 미대를 다니던 H는 내 친구 미자를 흠모했다. 울진 소읍에 고향을 둔 그는 주말이나 방학엔 주야장천 핑계를 만들어 뻔질나게 우리 마을을 드나들었다. 참 우습게도 어느새 H를 기다렸던 우리들. 대학 캠퍼스 이야기도 재미났지만, 그의 고향에 있다는 불영사 스님들의 불가 세계는 충분히 나를 유혹했다. 나는 그즈음 조지훈의 「승무」에서 헤어나질 못했으니 오죽이나 세속을 초월한 세계로 들고 싶지 않았을까. 더군다나 집에서 멀지 않은 근방에 있다 않는가.

 틀에 박힌 만성적인 일상이 따분했다. 미래는 검은색으로

도배될 것 같단 생각이 들자 도망치고 싶었다. 종내에는 '전생의 인연이 날 불러들여 필시 비구니가 되어야 할 팔자겠거니'라는 가당찮은 장치까지 만들었으니.

여하튼 집을 떠날 작정을 했다. 내 나이 열일곱 살. 일요일 아침 가마솥에 끓는 물을 퍼내어 찬물을 섞었다. 이 집에서 나를 씻기는 마지막 시간. 김이 풀풀 나는 검은 머리카락을 닦았다. 수돗간에 걸린 거울을 보며 빡빡 깎일 두상을 떠올린다. 까막까치 같은 생들이 지난다. 엄마의 뒷등과 앞산 자락에 자분하게 피어나던 참꽃들, 공기놀이하며 '작은 언니야'를 부르던 동생들, 숙희, 옥이, 자야에게 구성진 편지를 적어 책상 서랍에 넣었다.

비장한 각오로 가족들 몰래 천축산 불영사로 가는 길, 밤이 되어도 집에 들지 않은 딸 걱정에 피가 바짝 마를 엄마 생각을 하면 가슴은 아팠지만, 부모와 자식 간의 끈은 여기까지일 거라고. 이제 남은 생은 덕망 높은 대승으로, 산기슭의 맑은 기운을 머금고 세상을 초연히 바라볼 생각을 하니 외려 홀가분했다.

바다를 끼고 한 굽이 돌면 '얇은 사 하이얀 고깔'이 스쳐 가고 또 한 굽이 돌면 '사뿐이 접어 올린 외씨버선'이 창에 어른거렸다. 버스에서 내려 물어물어 무던히도 걸었다. 얼마나 걸었을까. 햇살 두터운 산자락에는 철모른 도라지꽃이 보인다. 늦가을과 초겨울이 빚은 소묘는 번짐 없이 무연하고 채마밭 가운데에서 반쯤 드러난 허연 무는 나를 유혹한다. 생산성 없는 비루한 세계를 떠나 유연한 부처의 세계로 이동할 거라 굶고 온 몸. 저녁 공양 시간은 끝났을까.

연못에 비친 부처의 그림자가 보인다고 하여 붙여진 이름 불영사. 그림자는 온데간데없고 산중의 찬바람이 내려와 때 이른 살얼음만 깔렸을 뿐. 대웅보전 앞 삼층석탑이 해거름에 빛난다. 어디에도 파르라니 깎은 머리의 여승들이 추는 승무는 보이지 않고 발걸음 바쁜 처사가 공양간으로 들어가며 물었다.

"어디서 오셨니껴?"

"절이 이쁘네요. 잠시 들렀어요."

"산중엔 해가 빨리 떨어집디다."

"네에."

얼어붙은 입은 겨우 거짓말 두어 마디 내뱉곤 닫혔다. 천지분간 없이 스님이 되겠다고 찾아왔건만 정작 절집 마당에서 이 눈치 저 눈치 보며 숨어드는 모양새라니. 한심하다. 결국, 아침에 비장하게 먹은 심중 소회는 채 하룻밤도 넘기지 못하고 허물어졌다. 갈잎 부딪치는 소리 날카롭다. 서둘러 일주문 문턱을 빠져나와 허연 무 하나를 훔쳐 불영교를 건넜다. 죄는 늘어가고 어린 눈발은 금강송을 덮었다. 눈 온 뒤에는 거지도 빨래를 한다는 말처럼 다행히 날이 푸근했다. 황폐한 영혼은 끝까지 황폐를 벗어나지 못했으니.

하루가 백 년처럼 흘러온 기분이랄까. 가파른 삽작길을 들어서니 소죽솥에 불을 때던 엄마의 호통이 쩌렁쩌렁하다.

"이 넘의 지지바가 여태 놀다 어두우니 집구석에 기어들어오노?"

내가 속세를 등질 요량이었단 걸 아무도 몰랐구나. 다행인 게야. 식구들 볼세라 서랍에 넣어 둔 편지를 아궁이에 던졌다. 휘어져 비틀거렸던 나의 허망이 재를 남기며 빤히 쳐다본다. '너의 비원은 어디로 갔느냐'고, 달아올랐다.

오랫동안 묻어 두었던 그 일은 잊힐만하면 훑어오고 훑어갔다. 색깔을 잃어버린 순간이 오거나 불편한 잠이 며칠씩 지속될 때도 마찬가지였다.

〈아제아제 바라아제〉 영화를 보면서, 국문학을 전공하면서 백석의 시 「여승(女僧)」을 마주하면서도 마찬가지였다. 순간순간 돋았다 사라진 소름.

'여승은 합장(合掌)하고 절을 했다.
가지취의 내음새가 났다.
쓸쓸한 낯이 옛날같이 늙었다.
나는 불경(佛經)처럼 서러워졌다.'

이 시의 구성이 현재로부터 과거로의 순환을 밟아가듯. 그날은 여전히 진행형으로 숨어 있을까. 어린 딸이 도라지꽃이 좋아 돌무덤으로 갔다는 순한 부정. 그렇다면 그하루 마주쳤던 도라지꽃과 한낮의 적요로움, 해거름의 살얼음, 훔쳐 먹었던 무까지도 수행자의 객체는 아니었겠느냐라는 순한 긍정을 보탠다.

나를 뒤집어쓴 너와 너를 버린 나의 경계에 선 여자. 끝내 부처의 그림자도 뵙지 못하고 돌아왔던 어느 해 초겨울 하루, 지금 생각해도 무모하고 황당하지만, 그날 내가 만났던 모든 것은 다 아름다웠다.

막차를 타며 첫차를 떠올린다

저녁 강의를 마치고 나면 술 한잔 걸치는 재미가 제법 달았다. 그러다 보니 번번이 막차를 놓치기 일쑤였다. 그러면서도 간당간당하게 막차에 올라 안도의 숨을 쉬며 집으로 가는 길을 은근히 즐긴다. 도심에 사는 사람들이야 교통편 걱정은 없겠지만 변방에 있는 나로서는 밤이 되면 차편 문제가 신경 쓰이는 것도 사실이다. 더러는 '젊은 사람이 운전이라도 배우지 왜 그리 불편하게 사누.'라고 말을 던지지만, 천성이 겁이 많은 걸 어쩌겠나.

사나흘은 지났을까. 횡단보도를 건너는 중 막차를 놓쳤던 터라 오늘은 시간 여유를 두고 술자리에서 먼저 나섰다. 다행히 마지막 시내버스에 올라 으레 그래왔던 것처럼 앞자리에 앉았다. 나는 이제 족히 한 시간 넘는 자유를 즐길 참이다. 차창에 기대 졸고 있다한들, 버스에 오르는 사람들의 옷차림과 다양한 표정 속으로 기웃거린들 누가 탓할 사람도 없다.

멈추었던 비가 다시 내린다. 시간이 상당히 지나고 뒤를 돌아보니 운전기사와 내가 전부였다. 묘한 기분은 뭐였을까. 침묵을 깨기 위해 횡단보도에서 놓쳐버린 막차 이야기며 광역시 시내버스가 외곽의 소읍까지 운행할 수 있는 이유를 묻기도 했다. 하긴 내가 버스업계의 행정 시스템에 하등의 관심을 가질 필요도 없었다. 두 정거장쯤 지나자 여자가 승차했다.

그리 버스는 일면식도 없는 여자와 나를 싣고 녹음 짙은 벚나무 가로수길과 시장길을 지난다. 가로등 불빛이 빗줄기를 가르는 일. 또박또박 정류장 이름들을 불러주는 음색 좋은 여자. 철 지난 유행가를 들려주는 늦은 밤의 라디오. 분위기를 타는 것도 아닌데 마구 적적했다. 처음 몇 번은 낯설게 들리던 '두리봉네거리'라던가 '굿모닝○○'이라는 지명도 이제 익숙한지라 그마저도 반갑다.

여자는 어디쯤에선가 내려 우산도 없이 골목을 꺾어 돌아갔다. 나는 다시 혼자다. 벚꽃이 흐드러질 때는 흰 터널로 들어가는 기분이라던 기사는 정해진 노선을 하나씩 지워간다. 사거리와 오거리를 지나는 동안 곳곳에 내걸린 정치 문구 현수막들도 밤에 들자, 제 성질머리들을 누그러뜨렸다. 해가 뜨면 그 분탕질이 어디 가겠느냐마는. 두어 정거장을 지나자, 한잔 걸친 노인 셋이 올라타 케케묵은 정치 담론으로 목청을 높이며 소리를 내지른다. 젊은 남녀가 올랐다. 가만가만 오가는 대화가 젊다. 몇 개의 정류장을 거쳐오는 동안 다시 혼자가 되었다.

지하철 노선과 교차 되는 곳은 그야말로 핫플레이스다. 술집에서 비틀거리며 나오는 사람들은 대리기사를 기다렸고 누군가는 호출 택시에 올라탔다. 버스에서 내려 지하철로 종종거리며 사라지고 지하철에서 허우적거리며 올라온 사람들은 버스에 올라탄다. 번화가를 지나 동물 병원 강아지들이 마네킹처럼 하나같이 웅크린 채 잠든 거리를 지난다. 빗방울이 투둑투둑 떨어지는 막창집 마당에 놓인 테이블마다 소주병이 푸르다. 이제 집까지 15여 분이면 갈 것이다. 이 시간 쯤이면 이 노선에 탈 승객이 띄엄띄엄 줄면서 집까지 오롯이 혼자가 된다는 걸 안다.

차창에 머리를 붙였다. 강을 건넌다. 열한 시가 넘어도 그치지 않는 비. 낙동강을 건너 내가 사는 사문의 마을에 이른 뒤에야 익숙한 것들 지천이다. 너른 모래 들판 밭뙈기마다 삐죽한 대파꽃이 가로등 불빛에 허옇다. 금테 안경과 목울대를 감싼 줄무늬 셔츠가 잘 어울리는 기사가 신호를 기다리며 무른 하품을 한다. 길옆으로 푸르게 펼쳐진 양파밭을 지난다. 식육식당, 국숫집, 철물점과 한 뼘 크기의 장판집도 셔터를 내렸다. 깨벌레 같은 모종들을 나열해 둔 농약방도 한밤중이다. 단위농협에서 삼거리까지 무논을 끼고 길게 심어놓은 붉은 개양귀비가 흔들린다.

작년 이맘때의 이곳이 떠올랐다. 그 기억은 거짓말처럼 지금도 생생하다. 꽤 먼 곳으로 떠나야 할 여행 일정으로 첫차를 탔다. 때마침 버스가 신호에 걸렸다. 강을 건너온 옅은 햇귀는 일렬횡대로 늘어선 개양귀비꽃 위에 머물렀고 밤새 맺힌 이슬들이 눈앞에서 일제히 반짝였다. 앞 좌석에서 열심히 사진을 담고 있을 때 신호가 바뀌면서 버스가 움직였다.

"참 이쁘지요? 저 꽃잎에 내린 이슬 좀 보세요. 언제 굴러내릴지 모르지만, 이 순간만큼은 절정이잖아요. 사진 찍게 차 세워 드릴게요."

창문을 내려 사진을 찍으면서도 내 귀에 들려오던 기사의 순정한 목소리. 그 생경한 경험은 이후 버스에 오르내릴 때마다 나를 설레게 만들었으니.

일 년이 지난 오늘 밤 막차를 탄 나는 다시 붉은 개양귀비 꽃길을 지난다. 세상에 나서 마냥 행복하게만 살다 간다는 말은 어디 쉬운가. 그러니 행복의 척도를 도식적으로 그려내라고 하면 그려낼 수 있을까. 늘 허겁지겁이 몸에 익고 지독하게 '바쁘다'를 입에 달았던 사람이 나였다. 뻣뻣했던 내 감정을 잠시나마 무두질해주었던 첫 차와 막차의 운전기사. 그들이 세상을 바꾸리라고는 생각지 않는다. 그렇지만 개양귀비꽃을 마저 담으라며 차를 세워주던, 벚꽃이 피는 가로수를 지날 때는 흰 터널로 들어서는 기분이라는 그대들은 필시 부추꽃처럼 유순했고 강물처럼 어질었다.

뜬금없이

 K는 출근길에 자주 산이나 강의 정경, 아침 날씨를 알려준다. 난 그 시간이면 뒷마을에서 시도 때도 없이 울어대는 닭울음에 설친 잠을 몰아 자느라 비몽사몽이다. 간혹 커피를 마시거나 압바스 키아로스타미의 영화에 빠져 있을 때도 있지만. 대부분은 잠결에 이야기를 나누는 방식이다.

 오늘따라 황사가 심하다며 어디론가 흡수되는 느낌이라고. 이동학대 뉴스에 열을 올리더니 피아노가 있는 2층 카페에 커튼이 며칠째 드리워져 있다는 둥, 나이를 짐작할 수 없는 두 할아버지가 있는데 요 며칠 한 분만 운동을 나오셨다는 둥, 늦잠을 자서 빵을 사러 가지 못했다며 툴툴거린다. 입맛을 잃었다는 노모를 위해서 추어탕을 사야겠다고. 커피나무도 꽃이 피냐고 물었고 어떤 색이냐고도 물었다.

 오늘은 뜬금없이 단편소설 같은 대화를 단초로 내밀어 왔다. 더러는 황당한 이야기에 황당한 답변을 이어가는 날도 있다. 오늘이 그렇다.

"간밤에 누가 다녀갔나 봐요."

"누가요?"

"새 두 마리가 있었는데 한 마리가 가출인지 탈출인지 모르지만 사라졌어요."

"그 새 어떻게 생겼어요? 내가 찾아줄게요."

"네."

"눈이 까맣고 아주 조그마하게 생겼어요. 손에 잡으면 보이지 않을 만큼 작은 새죠. 겁도 많고 제 성격을 못 이겨 자주 파닥이다 보니 제풀에 지쳐 푸념도 잦아요. 그 새는 특이하게도 스타킹 신는 걸 좋아해요. 근데 간밤에는 찢어진 스타킹을 신고 있었는데요."

나는 그만 웃음이 터지고 말았다. 이쑤시개 같은 다리에 찢어진 스타킹을 신은 새를 상상해보라. 다시 호박 넌출 뻗어가듯 담담하게 대화를 이어갔다.

"그렇군요."

"그러니 남아 있는 한 마리 새가 가출한 새를 애타게 찾는다는 소식 신문에 좀 실어줄래요."

"그 새가 어디로 간다는 뉘앙스는 주지 않았어요?"

"자주 아프리카 이야기를 하더라고요. 코끼리나 낙타의 등에 타보는 게 소원이랬어요. 어디론가 굽어보는 걸 좋아하고 갇혀 있는 걸 무지 싫어하더라고요. 잽싸게 날아가는 걸 좋아

하는 새였거든요."

"그럼 지금쯤 아프리카로 가는 허공을 가로질렀을지도 모르겠네요."

반쯤 눈을 감고 모시이불을 칭칭 감고선 즉석 대본을 이어간다.

8월 이른 아침, 뿌연 황사로 서행하던 그와 나의 쓰잘데기 없는 대화는 파도 없는 바다의 물결처럼 무덤덤하게 이어지고 이어졌다. 참으로 황당하고 도발적인 말장난들이 아니었던가. 그럼에도 일상처럼 대화의 결이 편안했던 사람. 원래 그런 사람이었으니 뜬금없는 말장난에도 머릿속은 한결 상쾌하다.

그는 연꽃 가득한 반야월 다리 아래로 접어든다고 했다. 지금쯤 스멀스멀한 강변을 따라 하양으로 이어지는 농로로 접어들었겠다.

너와 나

 난바에 위치한 사라사 호텔 309호에 누웠어. 그저께는 토어 로드를 따라 북쪽에 있는 기타노이진칸 거리를 걸었다네. 가파른 산 아래 칠 벗겨진 목조주택들. 총영사의 집도 어느 독일인의 붉은 벽돌집도 그저 서양인이 살았던 언덕이었더라고. 외려 낡고 익숙해서 어질러진 생각들이 편안했어. 검붉은 열매를 매단 올리브 나무와 희고 붉은 산다화가 생소하더군. 꼭대기 위 덴만 신사에서 마주한 고베항은 마른 나뭇잎처럼 생기가 없더라.

 나는 왜 이 땅에 이제야 왔을까. 한몸 같았던 네가 수십 년을 머문 곳이었는데도 불구하고 말이야. 가만 생각해 봤어. 너와 나를 끌어당겼던 구심점이 뭘까를. 같은 동네, 같은 해에 태어나 같은 이름(한자까지 동일)을 달고 가장 높은 집에서 마주 보며 산 거. 시도 때도 없이 메아리로 돌아오던 이름 때문만은 아닐 거야.

 오늘은 느지막이 일어나 기차를 타고 교토에 다녀왔어. 순간 어느 골목 배롱나무가 있는 특이한 외관의 2층 목조주택 앞에서 걸음이 멎는 거야. 네가 30년을 살았을 그 집일 수도 있겠단 막연한 생각. 한 뼘 거리에 있는 카페에 들어가 담배 연기 자욱한 둥근 테이블에 앉았지. 희끗희끗한 머리를 틀어 올린 노인이 내린 이 커피를 너도 마셨을까. 어디선가 후각을 자극한 카레 향이 났고 눈이 큰 청년과 긴 머리를 늘어뜨린 여자애가 대문을 나오는 거야. 뭔가 훅 내리쳤는데 뭔지 모르겠어. 자식은 뭘까.

여행이랍시고 떠나와서는 걸핏하면 부딪친 며칠. 좀체 간극이 좁혀 지지가 않아. 곳곳에서 이해충돌이 일어나더라니깐. 딸은 카페 즐비한 신사이바시에서 쇼핑하다가 다코야키나 라멘을 먹자, 난 그저 호텔 근처에서 삼겹살이나 먹자는 주의고. 에비스바시 지역의 트레이드마크라는 에자키글리코 제과점 옥외 간판 앞에서 굳이 줄까지 서서 사진을 찍을 이유도 모르겠더라고. 하긴 이 푸념조차 네게 미안해지는구나.

간혹 아니 자주였어. 남편이 출근하고 겐타와 리츠코를 등교시킨 빈집에서 들려주던 네 목소리. 전화선 너머 레인지후드 돌아가는 소리가 들려오곤 했지. 그러고는 〈천국의 책방〉 영화 이야기를 했잖아. 설정처럼 일찍 죽은 이들은 천국에서 다시 태어나 100살을 다 채우고 떠나게 될지 궁금하다고.

어느 날이었던가. 네 목소리는 굉장히 들떴고 이유를 묻자

드디어 2층 목조주택 리모델링 공사가 끝났다고. 마당 넓어 좋다고 했지. 붉은 칸나를 사고 배롱나무 손질할 전지가위를 사서 집으로 오는 길이라고. 언제 한번 일본에 다녀가라던 목소리는 여전히 나를 가시덤불에 가둔다네.

몇 해 전 너의 죽음 이후 죽음과 상실에 대한 고레에다 히로카즈 감독의 〈원더풀 라이프〉를 봤어. 세상을 떠난 사람들이 천국으로 가기 전 림보역에서 7일을 머물며 추억하고픈 순간을 살다가 떠난다는 이야기. 엄밀히 말하면 청천벽력과 암흑천지도 잠깐 이어지다 세상은 여전하다로 귀결되더라는 거.

너와 나의 마지막은 어느 해 사월이었지. 벚꽃 흐드러진 강둑을 거닐고 돌아간 후 울리지 않던 전화. 너의 안부를 혼자 추측하다 부음을 들었을 땐 이미 벚나무 잎에도 물이 들었더라고. 영원불변한 것에 대한 절망보다는 상실감. 불쑥 찾아드는 폐허감. 그렇다고 신을 부정하거나 파괴할 생각은 없어. 때론 상처 부위를 응시하지만 참혹해지지는 않더라고. 아마도 너로 인해 얻은 선물일 거라 믿는다네.

이승과 저승의 중간역인 림보역의 직원들이 묻잖아.

"영원히 머물고픈 순간이 있나요?"라고. 내 오랜 친구는 어떤 순간을 선택했을까.

친구야 너의 백 살은 아직 멀었어. 그러니 지금쯤 해당화 지고 눈 내리는 천국의 어느 도시를 걷고 있었으면 한다네.

오류의 밤

 나는 지금 오류 밤바다 내항에 앉아 낚싯대를 드리우고 있다. 겨울 들머리라 눈 끝이 매섭다. 경주 시가지를 지나 감포항 근처에 있는 이곳에 짐을 풀었을 때만 해도 즐길 만한 날씨였건만. 어스름이 오자 서쪽 산에서 구름이 끼더니 비까지 뒤섞여 내린다. 여차하다간 몸살 나기 십상이다. 그나마 내리는 비는 장인 수염 아래에서도 피할 정도요 파도는 자는 파도라 다행이리면 다행인 게다. 낚시꾼들은 흔히 이런 바다를 '장판'이라고 부른다.
 그 평평한 바다에 지금 숭어 떼가 마구잡이로 뛰어오른다.
 "망할 놈의 망상어만 잡지 말고 눈먼 숭어라도 좀 잡지."
 눈먼 숭어는커녕 잡으려는 볼락도 감감무소식이다. 그저 고양이의 먹잇감으로 족한 망상어만 일곱 마리째 잡아 올렸다. 은근히 부아를 돋우던 남편이 숭어에 관한 이야기를 들려준다. 딱 이맘때가 되면 숭어는 냉수대에서 자기 눈을 보호하기 위해 지방을 눈꺼풀까지 끌어올려 백태가 된다고. 그러니

꾼들이 던지는 미끼도 덥석덥석 물고 어부들의 그물에도 숭덩숭덩 걸리고 행인들이 던지는 뜰채에도 쉬이 잡힌다고.

말 그대로 '나 잡아 잡수서'라며 눈앞에서 애간장을 태운다. 그러면서도 정작 어리숙한 초보의 미끼는 물지 않는 노련함이라니. 그러거나 말거나 나는 상층과 중층을 공략하다 바닥층까지 끌었다. 일 년 남짓 배운 기술을 이때다 싶어 써먹어 보지만 허사다. 바다는 물결 따라 낚싯줄은 바람 따라 물고기는 먹이사슬 따라 흘러가는지라 쉽게 얻어지는 것은 아무것도 없었다.

건너편 백사장에선 불꽃이 밤하늘을 가른다. 신나게 터지는 폭죽에 맞추어 내지르는 함성. 함성이 끝나자, 오로라 색깔로 바뀐 모닥불 곁에 동그마니 모여 불멍을 즐기는 이들. 아무렴 어떤 나이나 그 시기마다 각각의 절정을 지나오지 않았을까마는. 눈앞에서 펼쳐지는 젊음 앞에 난 왜 이리 누추해지는지.

"쟤들 봐! 참 좋을 때다. 그치? 저 나이에 우린 뭘 했을까?"

돋보기를 끼고 침을 발라가며 엉킨 낚싯줄을 풀던 남편이 말했다.

"저런 시절 없었던 사람처럼 말하네. 부러워 마슈."

남편과 나의 대화는 눈치 없는 망상어가 연거푸 잡히는 바람에 끊어졌다. 속없는 잘피만 흐물거리는 포구의 밤. 손바닥

크기로 벌어진 석축 틈으로 파도가 드나들며 휘파람 소리를 낸다. 나는 혼자서 두 개의 가로등 사이를 오가며 눈먼 고기를 오매불망 기다린다. 얼룩 고양이 한 마리가 내가 앉은 열 걸음 정도 거리에서 앙칼지게 울었다. 그저 낚시꾼이 던져 줄 먹잇감을 기다리며 보채는 울음인 줄 알았건만.

난데없이 뒷전이 웅성거렸다. 비교적 덩치 큰 아이가 힘껏 손을 뻗고 몇은 불빛을 비추고 있었다. 적잖이 긴 시간이 지났다. 도대체 뭘 하는 건지. 궁금함에 슬쩍 돌아다보면서도 내가 던진 낚싯줄에 걸려들 고기 생각뿐이었다. 물 빠진 석축 틈에서 해삼이나 문어라도 찾았겠거니 했지만, 아이들이 올린 것은 실뭉치만 한 새끼 고양이 네 마리였다.

어떻게 어미 고양이의 울음만으로도 단박에 알아차렸을까. 가까이 있었던 나는 무얼 듣고 있었던 건지. 물고기를 향한 몰입의 감정이 강했던 탓이려니 생각하고 말았지만, 몹시 부끄러웠다. 그만큼 뿌듯함이 컸을까. 새끼 고양이를 조심스레 옮겨주고선 그들만의 승리를 즐긴다. 허공을 향해 하이파이브를 외치는 손이 순정하다.

어미 고양이는 정박해 놓은 뱃전 계단에 거처를 마련했다. 배를 드러내 뒹굴고 볼을 비비는 새끼들을 쳐다보는 어미의 눈길이 애틋하다. 영원한 별리가 될 뻔한 아찔한 순간을 돌이키다 울컥했는지 나를 쳐다보는 눈빛에 원망이 가득했다. 하나님도 꼼짝달싹 못 한 나의 심기를 아셨는지 제법 큰 볼락을 올려보내 주셨으니. 나는 보시라도 하듯 이때다 싶어 녀석들 앞에 가만히 놓아 주었다.

내항의 낚시는 재미없다며 외항으로 전투낚시를 갔던 남편이 돌아왔다. 시계를 보니 밤이 꽤 깊었지만, 고요와는 거리가 멀다. 흔히 말하는 핫플레스가 여기일까. 고양이 구출 작전을 보기 좋게 성공시킨 아이들은 백사장으로 돌아가 여전히 불멍을 즐긴다. 조개구이 식당 유리창에 비친 그림자들은 끊임없이 술잔을 부딪친다. 편의점 유리문은 바쁘게 종소리를 낸다. 나는 시린 손바닥에 핫팩을 감싸 쥐고 먼 곳으로 나가는 배들의 불빛을 좇는다.

초저녁잠에 한잠 기대고 나왔을까. 네 명의 노인이 밤마실을 나왔다. 고기를 잡았냐고 재차 묻는다. 그냥 시간 때우는 중이라고 말했건만 자꾸 옆에 놓인 망태기에 곁눈질이다. 잡으려는 고기는 어디로 달아났는지. 눈먼 고기는 오늘 밤 눈을 떠버렸는지. 변화무쌍한 날씨에 몸살기가 슬슬 돈다. 모든 게 곤궁하다. 뻐근한 허리통증에 근육이완제 한 알을 삼키며 주섬주섬 짐을 챙겼다.

구부정한 허리로 천천히 등대까지 한 바퀴 돌고 온 노인들이 방파제 난간에 지팡이를 세워 놓고 섰다.

"고기는 안 잡혀도 그저 붙어 있을 저 때가 좋은 거라."

"둘이 보니 아직 신혼이구먼."

그러하다. 일생을 두고 볼 때 청년은 청년으로, 중년은 중년으로, 노년은 노년으로 살면 된다. 물론 잘 살아간다는 건 그리 만만한 일이 아니다. 그냥 그 나이를 즐기면 된다는 평범한 진리를 깨닫는 밤. 눈먼 숭어는 저만치 달아나고 없는데 눈 침침한 노인들의 달콤한 소리는 멀어질수록 귀에 쟁쟁하다. 오류의 초겨울 밤이 깊어져 간다. 부디 오류는 아니길…….

두 개의 창

 방금 딸아이가 출근했다. 이제 객식구인 나와 낯가림 심한 뭉이뿐. 녀석의 행동거지가 궁금하다. 아니나 다를까. 행길로 난 작은 사각형 창문에 세워 둔 캣타워에 익숙한 듯 오르는 게 아닌가. 꽤 덩치가 있음에도 사뿐하게 말이야. 이내 창을 앞발로 번갈아 가며 긁는다. 방금 출근한 자신의 집사가 이때쯤 오피스텔 정문을 벗어날 거라는 걸 알고 있었던 모양이다. 결국, 창문을 열고서는 주인의 뒷모습을 물끄러미 본다. '이게 말이 되는 소리인 거냐.' 속으로 놀라웠지만, 짐짓 모른 척 눈길을 두지 않았다. 시리다.

 예약해 놓은 동대구행 KTX 시간을 확인하며 소공원과 맞닿은 장방형의 길쭉한 창을 열었다. 여름이면 4층 높이까지 자라 창문을 녹색으로 물들였던 은행나무는 말갛다. 계절마다 대체된 경치야 늘 있겠지만. 응달엔 눈더미가 군데군데 쌓였다. 하늘에 철길을 낸 듯한 전선들이 사방으로 덮인 목동의 겨울 소공원은 단조롭다 못해 적적하기까지 하다.

평일 아침 공원 한켠에 앉은 중년의 사내. 온몸으로 칼바람을 맞으면서도 꼼짝을 않는다. 추위에 무뎌진 겐가. 갈색 코르덴바지에 남색 후드점퍼가 남자를 단단히 감쌌지만, 훤한 정수리가 살얼음 낀 연못이다. 돋아날 새싹도 일렁이는 풀잎도 그렇다고 피어오를 아지랑이도 없는, 언 땅을 왜 그리 쳐다보고 있을까. 혹여 기적과 낙원의 시간을 기대하고 있는 것은 아닐까. 잠깐 명퇴, 연금세대, 독거노인 이런 단어들이 스치고 지나갔다. 혹 나에겐 낯설지만, 그에게는 지극한 일상의 패턴은 아니었을까 싶기도 하고. 순간 고개를 든 사내와 눈이 맞았다. 하긴 좀 쉬고 싶었을지도. 나는 자세를 한껏 낮추고 커튼 뒤로 움츠린다.

여전히 사각 창에 기대 몽상가가 된 뭉이. '내 고향은 탱자나무 울타리 숲 같은 여기가 아니야.'라는 시큰둥한 얼굴. 얼마쯤씩 있다가 꼬리를 감고 앞발을 당겨 핥는다. 행길로 지나가는 사람, 전선대를 휘감는 바람, 선회하던 새떼 무리에 쓸데없이 발길질이다. 사실, 뭉이는 딸아이가 7년 전 어미 잃은 새끼를 데려와 키운 길고양이다.

같은 시각 공원을 품은 언덕배기 빌라촌 위로 햇살이 도둑가시처럼 박혔다. 햇살이 불편하다. 두어 시간은 지나지 않았을까. 사내는 점퍼에 달린 모자를 당겨 정수리를 덮는다. 보도블록 틈을 쪼아대던 예닐곱 마리의 비둘기가 날아오르자 사내도 일어났다. 멀거니 내가 있는 창을 올려다 보더니 십자가도 없는, 교회 간판만 덩그렇게 붙은 골목으로 사라진다.

두어 번 하악질하던 뭉이도 무료한지 나를 멀끔히 쳐다본다. 공격의 대상이기엔 힘없어 보였을 중년 여인. 쓸데없이 타인의 삶을 추측하지 말라고. 하던 화장이나 마저 하고 집으로 돌아가라는 눈빛. 크리스마스트리 아래 배를 납작 깔아 가로눈을 하더니 웬걸 잠에 빠졌다.

이처럼 창이라는 공간은 끊임없는 상상력을 투사하며 새로운 이미지를 데려오고 데려갔다. 물론 둘은 그들만의 살아가는 방식을 몸소 체득했을 테고. 그러고선 간단없이 창문이라는 매개체를 이용해 안팎을 전환하며 내게 '자기 승화'를 던진 것은 아닐는지. 안에서 밖을 보는 뭉이와 밖에서 안을 보고 있던 사내. 누구든 어디서든 타인의 삶은 궁금한 모양이다. 설령 창문이 사라진대도 마찬가지일 거야. 없어질 것들은 없어지고 영속할 것은 영속하며 균형에 닿을 거라는 단순한 이치가 새삼 고맙다.

두 개의 창문을 닫아걸었다.

"뭉아 안녕. 이 객식구를 데려다줄 카카오 택시가 도착했어."

장막 하나쯤은

 검은 손이었다. 투명 랩으로 나를 칭칭 감는 손. 손목이 시큰하도록 벗겨내다 잠에서 깼다. 꿈땜 할 시간도 없었다. 간당간당하게 경계선에서 잘 버티며 살아왔는데 경계성 암이 재발했다. 4년 만이다. 무덤덤하다. 별반 달라질 것도 없잖은가. 혼자 여행 떠나 온 사람처럼 지하철을 타고 대학병원으로 왔다. 입원서류를 작성하고 보호자 동의란에 남편의 사인을 슬쩍 적어 넣고 병실에 누웠다. 가족을 데리고 병원에 오게 되면 별것 아닌 것도 농도가 짙어져 눈물범벅이 된다. 죽을병에 걸린 기분이 들거나 유서라도 써놓고 온 듯해 자꾸 마음이 순해진다. 그러다 보니 이제 혼자 오는 일이 일상이 되었다. 아주 씩씩하게 말이야.
 사실은 나에게 "괜찮을 거야. 걱정마. 다들 그런 피딱지 하나 정도, 장막 하나쯤은 치고 살걸. 또 그렇게 살고 있었던 거야."라며 어루만졌다. 때론 내가 살아온 무늬나 이력일 거라고 위로했지만 사실은 괜찮지 않기도 했다. 입원하기 전날 후배와 꼬막무침을 먹다가 울어버렸다. 뜨거운 눈물을 펑펑 흘릴 만큼의 이유가 없었다. 머쓱함에 이유를 갖다 붙이긴 했지만. 이를테면 시리아 난민 아이들의 복수 찬 배를 보니 났다거나 영화 〈돌멩이〉에서 주인공 석구가 물속으로 들어가던 장면이 잊히지 않는다는 등 거짓을 풀었다. 아무래도 지금 괜찮다는 것과 그때의 눈물 사이에는 이질적인 무언가가 있었던 게다.

시차가 긴 것도 아닐 텐데 감정선이 자주 홀로그램을 만들었다. 딱히 잘 살아온 것도 없지만 그렇다고 막돼먹게 살아온 것도 아니잖아. 고만고만하게 살았으니 수술은 잘 될 거야. 이만하면 된 거잖아라는 응원을 보낸다.

2인 병실은 조용하다. 푸실했던 건너편 앞산 아래 캠프워크는 부싯돌에 불 튀듯 군데군데 단풍으로 둘러싸였다. 눈동자가 찢어져 수술했다는 마늘각시 같은 여자는 종일 엎드려 있다. 세상에는 참 희한한 수술후유증도 있구나 싶다. 병실에 올라오기 전 곰살궂은 최 선생과 차 한 잔을 마셨다. 어쩌면 내가 이토록 씩씩하게 병원행을 하는 것도 그가 이 병원에 있으니 가능한 일인지도 모르겠다. 올 때마다 그는 나를 그느르기 바쁘다.

병실에 올라가 먹으라며 챙겨 준 치즈 샌드위치를 냉장고에 넣어놓고 환자복을 입었다. 마뜩이 할 일이 없다. 잠시지만 철저한 혼자다. 요 며칠 꾸었던 랩의 공포가 스멀스멀 올라온다.

투명이 주는 이중성이 섬뜩하다. 귀양살이 가는 기분이랄까. 먼발치에 밤차 오는 소리가 들린다. 봄날에 산 시집을 이 늦가을에 펼쳤건만 딱히 눈에 들어오지도 않는다.

밤새 엎드려 자던 여자의 그루잠과 신음은 새벽이 되도록 이어진다. 거뭇거뭇한 어둠도 순식간이었다. 해 돋기 전 여명이 캠프워크 단지의 단풍숲에 맞물려 붉기도 서럽게 붉다. 이지러진 조각달과 그 아래 샛별 하나가 동쪽 창에 들었다. 그저께가 내 생일이었으니 음력 스무이레 달이겠다. 링거대를 밀고 창가에 섰다. 창문이 열리지 않는다. 유리문 안에서 막상 사진을 담으려니 홑벽에 갇힌 신세. 세상의 장막 하나가 생긴 기분이다. 어설프기 짝이 없지만 셔트를 눌렀다.

그 순간 사진 하나가 날아든다. 방금 내가 담은 이미지가 아닌가. 새벽 강가에 산책을 나온 S가 조각달과 샛별이 하도 고와 찍었단다. 나는 안에서 어설프게, 그는 밖에서 완벽하게 약속도 없이 6시 1분에 같이 셔터를 눌러댔던 것이다. 세상의 장막 하나쯤은 순식간에 걷혀 버릴 수도 있더라는 거.

블라인드 북

#첫 문장

"아버지가 왜 떠났는지 오랫동안 궁금했다.

그 궁금증 속에는 아버지가 무엇으로부터 떠나려 했을까, 하는 질문이 숨어 있다.

갑작스레 사라진 아버지와 '이해할 수 없기에 망상으로 그가 사랑했다 생각하는 어머니'

그리고 십일 년 후에 전해진 부고. 가장 가까이에 있던 가장 멀리있는 사람의 모르는 얼굴을 불현듯 발견한다."

그날 들른 서점의 코너에서는 '블라인드 북'이라는 이벤트가 진행 중이었다. 여행지에서 읽을 가벼운 책을 고를 참이었지만 꽁꽁 싸여 베일에 가려진 책을 간택하고 말았다. 잡아 보니 얼음 가득한 아메리카노 커피 두 잔 정도의 무게가 느껴진다. 포장지에는 책의 첫 문장만 세로로 적혀 있었다. 일종의 맛보기였다. 베스트셀러 작가의 소설집인지 중견 작가의 산문집인지 신인의 설익은 시집인지 가늠이 되지 않는다. 불빛에 비추면 제목이라도 훔칠 수 있을까 싶었지만 완벽한 포장술에 좀체 속살을 보여주지 않는다.

   비엔티안으로 가는 여행 가방에 물음표 가득한 책을 챙겼다. 비행기 안에서는 어두침침함을 핑계로, 첫째 날은 피로를 핑계로, 잠깐씩 들른 숙소에서는 휴식이 좋아서 읽기를 미루었다. 그러기를 사흘째. 창밖으로 거대한 세 그루의 나무가 있는 방비엥의 호텔에 도착했다. 너불너불한 잎사귀가 그림자를 만든 밤, 드디어 책을 꺼냈다. 가슴이 두근거렸다. 아찔함은 또 뭐지. 미닫이문을 열고 베란다로 나갔다. 초겨울에 접어들었다지만 낮 동안 달구어진 열기가 맨발을 데웠다. 달빛이 무너지고 나면 도마뱀은 문을 부술 듯 울다 달아난다.

   쏭강이 검은 뱀처럼 흐른다. 아직은 원시림에 가까운 숲으로 반딧불이가 날았다. '지금 그 책을 읽지 마. 먼 나중에 뜯어봐. 환하게 길을 열어 줄 거야.'라는 메시지를 꽁무니에 달고 날았다. 없는 생각을 보태자 연일 하강 곡선을 그리던 기분이 조금은 나아지는 게 아닌가. 나에게로 선택된 순간 융숭한 대접이라도 받을 요량이었겠지만 물음표 가득한 책은 끝내 비밀을 안고 돌아왔다.

   그러기를 두 달이 지난다. 여전히 무명의 책은 철제 책꽂이 두 번째 칸에 꽂혀 있다. 비밀번호가 부여된 것도 아니건만 그를 열지 않았다. 보류나 차일피일 게으름을 보탠 것도 아니다. 일 초만 투자하면 모든 것을 알 수 있을 텐데. 그런데도 무척이나 궁금한 날은 포장지에 적힌 몇 줄의 문장을 또 읽는다. 가볍게는 문장의 그 후를 유추하는 일. 그것을 연결하고 싶어 부러 개봉하지 않는 걸까.

아버지는 왜 떠났을까. 그것도 갑작스레 사라진 아버지라고 말하지 않던가. 11년 후 아버지의 부고를 받아 든 사람은 아들일까. 딸일까. 아버지는 무엇으로부터 떠나려 했지. 자신으로부터 떠나 자신을 만나고 싶어서인가. 그 사이에 묻혀 있거나 갇혀 있어 보이는 어머니라는 존재. 그냥 아름다운 동화책의 반전이면 어떡하지. 혹 이 책이 다큐멘터리 소설이나 자기개발서나 종교 서적이라면 틈틈이 갖다 붙인 이야기는 말 그대로 소설 쓰고 앉은 꼴밖에 되지 않는다.

그렇다면 나는 이 책의 포장을 뜯지 않는 진짜 이유는 뭘까. 실은 나를 빙자한 복권 하나쯤 가지고 싶었다. 어느 날 보니 쉰 중반. 꽤 잘 살아왔다고 생각했는데 벗겨 보니 알맹이가 없다. 감추어 둔 능력도 꺼내 쓸 보석도 없다. 가공이나 세공을 하기에는 늦었으니. 그렇다고 쟁여 둔 포대자루도 없다. 심지어 괜찮은 성격인 줄 알았더니 무책임을 쿨한 척 살고, 아집을 철학인 척 살고 있더란 거지.

알아도 너무 많이 알아버렸다. 보태질 페이지 수도 없고 부실하기 짝이 없는 생각만 키웠다. 이미 지는 중이다. 때로는 인사치레의 칭찬에 으쓱하여 뿌리도 자리 잡기 전 웃자라 버린 잎은 얼마나 많았던가. 물에서는 뭍에 닿는 일이 버거웠고 뭍에 갇히노라면 물이 그리워졌다. 그런 일들의 반복이 아슬아슬했다. 한 겹씩 벗겨질 때마다 자주 무너졌고 일상이 헛디디는 살이였다.

이제 알몸으로 섰다. 벗겨 보니 별거 없는 나. 부족한 나를 대신할 너를 분신으로 잠시 숨긴다. 너는 조금 더 나은 나의 복제품이라고. 자아의 동일화로 느끼는 건지도. '너는 특별할 거야'라는 응원을 보내기도 한다. 내가 이루지 못한 것을 가지고 있을 거라 짐작하면서. 허전함을 빗댄 불안 심리 같은 것이다. 무한히 유능하거나 괜찮은 것들을 포괄하고 있을지도 모르지.

그렇다고 이 한 권에 송두리째 맹목적으로 헌신하지는 않으리라. 으리으리하거나 절정에 치달을 무얼 기대하지는 않는다. 다만 깨고 싶지 않은 무언가를 남겨두고 싶음이다. 나는 염분의 맛으로 살았으니 너에게서는 당분의 맛을 기대한다고 할까. 나의 모자람을 채워 줄지도 모른다는 생각. "가장 가까이에 있던 가장 멀리 있는 사람의 모르는 얼굴을 불현듯 발견한다." 한 자도 읽지 못하는 책, 아니 부러 한 자도 읽지 않을 책. 나는 끝내 이 책을 영원히 블라인드 북으로 남길지도 모르겠다.

낱낱이 아프다

 빗줄기가 도드라지는 사이 잠에서 깼다. 사나운 꿈을 꾼 것도 같다. 가로등 빛이 격자 유리창을 투과해 천장에 기찻길을 냈다. 내가 기차를 처음 타본 것은 스물 두셋 정도였을 것이다. 모자를 거꾸로 쓰고 찢어진 청바지를 입었던 친구, 김밥과 통닭을 챙겨왔던 친구. 그리하여 동갑내기 예닐곱 명이 모여 영천 은해사로 가는 기차에 몸을 실었다. 고대하던 동요의 풍경은 기찻길 옆 어디에도 없었다. 칙칙폭폭 기적소리를 내며 오막살이집과 옥수수밭을 스쳐 가리라 생각했건만. 꽤 무거운 충격이었을까. 여전히 기억의 언저리에 남았다. 정작 첫 기차를 탔던 내 모습은 좀체 떠오르지 않는다. 답답하다. 날 밝으면 사라질 기찻길을 보고 있자니 지워질 일이 비단 저 그림자뿐이겠는가 마는, 동무들 생각 간절하다.
 발목이 써늘하여 목이 긴 양말을 신고 베란다로 나갔다. 재미 삼아 심어놓은 모종들이건만 비실비실한 채소들을 보고 있자니 난감할 수밖에. 상추 세 포기는 고꾸라졌고 두 포기는 이미 녹아 줄기만 남았다. 당귀는 누렇게 떡잎이 졌다. 가지와 고추는 석삼년 후에나 꽃을 피우려는지 새초롬하니 열매 보기는 글렀다. 곁다리로 심어놓은 채송화마저 짓물러 형편없었다. 무너지고 있는 것들을 보니 곤경이라는 말이 생각난다. 오롯이 나의 게으른 소치가 불러온 것들. 죄를 짓는 일은 하나둘 늘어만 가는데 벌은 받기 싫은 심정이랄까. 딱 지금이다.

요컨대 악몽처럼 떠오르는 사람이 있다. 여학교 때의 일이다. 동산의 라일락꽃이 만개한 오월, 운동장을 가로질러 걷고 있었다. 갑자기 늙수그레한 선생님이 나를 불러 세우더니 다짜고짜 몽둥이로 후려치고 뺨을 때렸다. 왜 맞아야 하는지 이유도 모른 채. 수십 년이 지난다. 자다가도 그의 찢어진 눈매를 떠올리면 식은땀이 난다. 생사조차 모르지만 용서하지 않았다. 그만큼 앙금으로 남아 있던 그를 내가 용서한다는 일은 실로 만만찮은 일이건만. 헌데 복수가 요 몇 해 전부터 식어가고 있더라는 거. 좀은 홀가분해지고 싶은 건가. 이러다가도 억울함에 다시 복수가 밀치고 올라오는 건 아닌지. 누군가를 용서한다는 것은 외롭기 때문이라는데. 정말 묻고 싶다. 내가 뭘 잘못했는지. 이렇게 눌러 담아놓지 말고 애초에 물어볼 것을.

아직 아프다.

톨스토이의 『어린 시절』을 읽다가 책장을 덮었다. 머리가 복잡하다. 한 페이지를 읽고 나면 한 페이지가 지워지니. 그의 열 살 무렵 가정교사였던 '칼 이바니치'와 집안일을 돌봐 주시던 '니콜라이' 할아버지가 헷갈리고 직업이 헷갈린다. 러시아의 지명과 백작들의 이름이 뒤섞인다. 책 한 권을 다 읽어도 주인공 이름이 생각나지 않는, 러시아 소설 같은 나이가 쉰에서 예순이라는 말이 있다. 나는 지금 그 나이를 건너는 중이다. 실로 두렵고 다분히 아프기도.

결국, 러시아 이름들을 벗어나기로 한다. 쭈글쭈글한 무릎을 꿇고 탁자에 팔꿈치를 대고 이영광 시인의 시를 읽는다. 수시로 욱신거린다. 얼마 전 허리통증에 병원을 찾았더니 '척추전방전위증'이라는 진단을 내렸다. 척추뼈가 배 쪽으로 밀려나갈 때마다 지긋한 고통이다. 수시로 내 몸은 통점과 한계 중량을 미리 알려주었으나 마음과 몸의 불화로 삐걱대기만 했으니. 무슨 일이야 있겠냐만 일을 함에 있어 자신이 없어졌다. 곰곰이 생각해 보면 몸을 아끼지 않은 죄야 있지만 수굿하게 구원을 청한다. 이쯤에서 더는 나빠지고 싶지 않다고.

「무릎」이라는 시에서 멈추었다. 다른 살로 기운 듯 누덕누덕하지만 걸음마를 시작하기 전에는 기고 걸은 뒤에는 더러 꿇기도 했다고. 저렇게 아프게 부러지고도 태연히 일어나 걷는 게 무릎이라고 시인은 말했다. 글쎄. 죄다 나를 두고 적은 시 같다. 아니지. 사는 일이 대부분 이러질 않던가. 지극히 간절하거나 지극히 쓸모없거나를 되풀이하는 일. 어쨌든, 이제 더는 무릎 꿇어 굽힐 일만은 없었으면 하네. 좀 처연하고 좀 가진 것 없고 좀 덧없다 생각 들면 어떤가.

　여하튼 오늘은 여기까지다. 나잇살 그다지 깊어지지도 않았으면서 넋부터 주름지니 가관이라는 말 듣기 전에. 하긴 내가 낱낱이 아프다고 고백을 일삼아도 깨알 같은 걱정해주는 이 없다. 너는 앓거나 말거나 드라마를 쓰고 닳은 자동차 바퀴를 갈아 끼우고 카페는 우후죽순으로 생겨날 텐데. 어차피 사는 일이 얼락녹을락 아니던가.

방랑자들 1

 코를 찌르는 본능이다. 버스 정류장과 마트 사이에 있는 파이프 가게에선 종종 포름알데히드 냄새가 난다. 이런 성질의 냄새는 늘 영안실을 떠올리게 했다. 씻어도 며칠은 내 몸에 배어 있는 듯한 착각. 사는 일이 허탕을 치고 있다는 느낌. 머리가 아득해지고 어디론가 떠나야 할 의무감 같은 게 들기도 한다. 잃어버린 나를 찾겠다는, 그런 가당찮은 감정은 없다. 우리는 본시 방랑자들이 아니었던가.
 그렇다고 어떤 피치못할 사정이 있었거나 한 것도 아니다. 어차피 내가 누구인지 모르는 상태에서 넝마 같은 시간은 줄곧 흐를 테고. 전의식과 무의식 사이를 방황하고 있을 테니 말이다. 잠시 혼란의 상태에서 벗어나고 싶다는 거. 이럴 때 틀에 박혔던 매너리즘은 여행자와 방랑벽 사이에 있는 나를 끌고 어디론가 데려다 놓는다. 내가 만난 폐유통 앞에 늘어진 갓꽃 무더기, 와온 바다의 키위나무밭들. 그 시간이 나의 무늬들을 지웠는지 새겼는지는 모르겠다. 어디든 그 여행지의 감각들이 내 몸에 배어드는 것을 즐겼다. 슬쩍 스며드는 두려움과 설렘의 교차가 좋았다.

나의 필명은 윤영(淪泳)이다. 물 깊고 넓을 '윤'에 헤엄칠 '영'이다. 갇혀 있노라면 수위 조절이 힘들다. 수심의 깊이를 몰라 헤맬 때가 한두 번 아니었겠지만 어디든 떠나야 직성이 풀린다. 나에게 헤엄이라는 것은 곧 헤맴이다. 그 헤맴이 유전자에 각인 된 명령이든 호기심이든 관계없다. 오늘도 헤매다 일몰 아름답기가 유명하다는 남해 장구바다에 섰다. 점심에 새우의 수염과 눈알을 잘라내고 소금구이에, 머리는 버터구이로 소주 한잔 걸쳤던 몸. 이미 죽고 없는 새우한테 다정하게 '미안하다' 말하고 여기선 조금만 더 외로워지기로 한다.

뭍과 섬 사이에 길이 열렸다. 썰물 빠져나간 자리에 앉아 꿈틀거리는 생명을 가두었다. 못나 빠진 망둥어 새끼, 퉁시그리한 보말, 까칠한 꽃게들. 정말 저들은 못나 빠지고 퉁시그리하고 까칠할까. 이렇게 본질과는 상관없는, 우리가 만들어 놓은 관념뿐인 허상들이 내 발 앞에 놓였다. 말남이와 점순이는 평생 말남이와 점순이의 문에 갇힌다. 자신의 의지와는 무관한 이름들. 태어나 보니 철수와 팔룡이의 몸에 입혀 놓은 이름이 평생 주인 노릇을 하고 있다는 거. 문득 그 생각을 하니 막막해진다. 바닷가에서 만나는 방랑자의 쓸쓸함은 늘 비릿한 법.

그러고 보니 늘 곁에 바다가 있었다. 동해는 거친 사내의 결을, 서해는 이별을 앞둔 연인의 심정 같은 결을, 남해는 슬몃 서럽다. 따개비 같은 붉은 집들을 뒤로하고 이제 집으로 간다. 공간이동은 참 매력적이야. 다시 익숙한 공간으로 돌아오면 오지게도 나를 익숙하게 만든다. 부엌에서 쌀을 씻거나 토란 껍질을 벗기면서 그저 잠시 지구에 태어난 생물학적인 여자였다는 사실을 간혹 경험하곤 한다. 그래도 괜찮다. 경험의 무늬를 지우고 떠나면 되잖았던가.

방랑자들 2

　나는 물을 만나면 아리지는 않지만 아릿한 그 감정을 즐겼다. 물이 나를 끌어당기고 있었으므로 끌리듯 가는 거라고. 물리학자인 K교수는 과학 에세이 『우주를 만지다』에서 물 한 방울에 들어있는 원자에 대해 깊게 천착해 놓았다. 물 한 방울에 있는 원자는 해운대 해수욕장 100만 개에 있는 모래알 수와 맞먹는다고. 즉 지구상에 있는 모든 해수욕장을 합친 모래알보다도 물 한 방울에 있는 원자가 더 많다는 것이다. 보이는 것이 전부는 아닌 모양이다. 하물며 소리는 1초에 340미터를 가고 빛은 1초에 30만 킬로미터를 간다고 한다. 즉 내가 만나고 있는 모든 사람과 사물도 이미 과거형일 뿐이다. 끊임없이 놓쳐버린 기억들에 매달리는 방랑자들.

　요즘 나를 사로잡고 있는 사진 한 장이 있다. 과학의 대중화에 앞장섰던 미국의 천문학자 칼 세이건의 '창백한 푸른 점'이다. 해왕성 궤도 밖에서 보이저 2호가 찍었다는 지구는 노트북 화면의 벗겨진 스크래치 자국이나 핸드폰의 깨진 액정 파편 같다. 그저 한 개의 점에 불과하지만 우주에서 생명이 깃들어 있는 유일한 곳이다. 싫든 좋든, 우리의 고향이며 같은 문화를 공유하는 식구가 모여 산다.

하지만 우리 식구들은 왜 이런가. 없는 세계를 믿고 있는 세계를 무너뜨렸다. 2억 명의 사람들은 기아에 허덕인다. 눈만 뜨면 스팸 문자를 치고 순정한 사람들을 낚아챈다. 검언유착에 서민들은 갈팡질팡이다. 슬로베니아 마리보르에서는 포도나무를 심어 와인을 만들고 낙동강 건너 화원에는 오일장이 열린다. 인구 400만 명이 안 되는 보스니아에서는 내전으로 5퍼센트의 국민이 희생당했다. 팔순에 사랑이 시작되고 서른에 이혼을 하러 간다. 장엄하고도 숭고한 일, 섬뜩하거나 담대하거나 부질없기도 한 일들이 푸른 점 안에서 사라지고 생성된다. 비루한 현실이지만 연약한 지구이기도 하다.

칼 세이건은 말했다.

"여기 저 멀리 희미하게 보이는 점, 모든 인류가 저 점 위에 있습니다. 우리의 모든 환희와 고통, 사냥꾼과 약탈자, 영웅과 겁쟁이, 왕과 농부, 성직자와 죄인들, 장구한 역사 속에 살았던 모든 이들이, 한 줄기 햇빛에 매달려 있는 티끌 같은 저 점 위에 있습니다."

우리가 방랑자가 될 수밖에 없는 이유가 아닐까. 너덜거리는 일상이 싫어 벗어나려 애썼던 집, 그 집으로 요동치며 돌아

가려고 안간힘을 쓴다. 타인의 시선으로부터 자유로워지고 싶어 떠났지만, 타인의 울타리 속으로 들어가는 끔찍한 모순. 완벽주의적인 프레임에 갇혀 불안에 시달리는 모순. 우리는 가히 몇억 년을 흘려보내고서야 방랑을 멈출 수 있을까. 그렇다고 딱히 멈추고 싶지 않을 것이다. 여전히 여행 중에 있으니.

흰 그늘

　맨부커상 후보작으로 올랐다는 한강 작가의 『흰』을 들고 남편을 따라나섰다. 어디로 가냐고 묻지 않는다. 대단한 볼거리를 찾아간다거나 특별한 여행이 아니라는 걸 알기 때문이다. 어느 항구도시로 가기 전 들렀다 가는 기항지 정도로 생각한 지 오래였으니.

　춘분을 지났다지만 찬기가 남았다. 금호강과 낙동강의 합수 지점을 낀 절벽의 모감주나무 군락에도 봄은 멀었는지 연록이 보이지 않는다. 책을 읽기에는 눈이 부신 햇살보다 그늘이 좋다는 내 말에 교량 아래 주차를 해준다. 그는 프로 낚시꾼답게 둘러볼 것도 없이 채비를 시작했다. 이내 허벅지까지 오는 장화를 신고 강물을 휘저으며 멀어진다.

　일순간의 고요는 예고가 없었다. 볼품없는 버드나무 두 그루가 차창 밖에서 빤히 나를 들여다보는 지금. 대낮에 어둠이 에워싸고 시동이 꺼진 차 안에서 『흰』을 읽는다. 역시 책을 읽을 때는 고요가 좋다며 탄성을 질렀다. 하지만 기쁨은 잠시뿐.

채 두어 시간은 견뎠을까. 아무리 봄추위야 늙은이 건강 같다지만 뼛속까지 시린 추위에 당할 재간은 없었다. 바닥을 치고 주먹을 쥐었다 놓았다 해보지만, 온기는 오지 않았다. 손가락 끝이 아려 가벼운 백지장 넘기는 일조차 고통이다.

『흰』을 덮었다. 그늘이 먹물처럼 깊다. 강물에는 고사목이 보아뱀처럼 등만 드러낸 채 잔가지를 모조리 숨겼다. 물가에는 열 마리 남짓한 물새 떼가 날아와 무당들이 놓고 간 전물에 밥술을 바치는 꼴이다. 머리 위에서 쉴 새 없이 달리는 육중한 자동차들의 덜컹거림은 스트레스 수위를 높였다. 눈뿌리까지 아찔해질 무렵 유모차에 아기를 태운 젊은 부부가 찾아들었다. 아기를 보자 추위도 잊었다. 저절로 입가 벙글어진다. 나는 아기와 수시로 눈을 맞추었다. 얼마나 지났을까. 찰나의 이웃으로 만났던 가족마저 해바라기를 찾아 떠나버리고 또다시 나 혼자 남았다.

남편이 주고 간 자동차 열쇠는 쇳덩어리에 불과하다. 시동을 켤 줄 모르니 훈기를 넣을 방법도 없잖은가. 물살에 골이 깊은 걸 보니 어지간히 춥긴 춥나 보다. 나는 꼼짝없이 봄감옥에 갇힌 셈이다. 강 건너엔 햇살이 자잘하게 퍼졌다.

원시 자연이었던 유원지 전경을 배경으로 탐방로 공사가 한창이다. 2천만 년 전 고대 자연을 간직한 하식애 훼손에 궐기를 든 환경단체들의 반발에도 불구하고 쇠기둥이 박힌다. 그곳에 있어야 할 수리부엉이도 다람쥐도 터전을 잃어버리기는 마찬가지다. 햇빛을 갈구하는 나와 오래된 보금자리를 돌려달라는 그 녀석들이나 오늘 하루 유목민 신세라 신경이 쓰인다.

원하지 않은 유목민이라는 단어는 서슬 오른 슬픔이다. 서둘러 남편에게 구조신호를 보냈다, 내장까지 얼어 햇살 동냥이라도 가겠다고 차의 위치를 옮겨 달라고 했다. 내가 탄 차는 강을 건너 강변의 운동장 한복판까지 왔다. 눈앞에는 공사를 위해 기계장비를 놓아둔 녹슨 바지선이 보인다. 키 높이 별반 다를 게 없는 이국의 남녀가 낚싯대를 드리운다. 그들의 저녁 머리맡 같은 웃음이 밀레의 〈만종〉 모사품을 보는 듯하다.

절정의 봄날이 오면 만개한 꽃으로 뒤덮일 강의 상류를 걷다가 돌아와 다시 『흰』을 펼쳤다. 백발이 새의 깃털처럼 하얗게 센 다음 옛 애인을 만나고 싶다는 이야기를 읽는다. 자연스레 내가 기억하는 몇 가지의 흰색이 부지불식간에 떠올랐다. 분명 흰색이건만 검은 기억들이다. 20여 년은 지났을까. 섬진강의 찔레꽃을 보고 돌아온 그 날 저녁 나의 일기는 짧았다. 5·18 민주항쟁의 붉은 피가, 젊은 울부짖음이 찔레꽃을 오지게 피워 올렸다고 썼다.

또 어느 하루를 들춘다. 산책길에 만나는 오백여 년은 되었을 배나무가 봄만 되면 가랑가랑 흰 꽃을 피워내는 모습을 보면서 늙은 배나무를 위한 순례라고 적었다. 숲을 돌아온 강물이 늙은 나무의 없는 수염에 닿는다. 나는 내가 흘린 눈물을 보러 몸뚱이를 돌아 심장을 돌아 오늘은 나무 꼭대기를 올려다봤다. 본다는 것은 가지 꺾어 보는 것. 배나무에겐 잔인하겠지만 물관부 말라 있지 않았으면 좋겠어. 배나무 당신 꽃피우는 것도 잔인하지 않다고는 할 수 없지. 어느 날은 튀김가루 옷을 입고 어느 날은 비리게 갈린 조개껍데기를 입었어. 그래 그렇게 오지게 명줄을 이어가는 거야. 강의 잔물결 넘어오니 멈춘 말고삐에 숨찬 거품, 흰 이빨 드러내며 꽃 피우더이다. 아린 듯, 눈 감던 배나무 눈앞이 환하다고 적었어.

그리고 시간이 갈수록 늘어나는 알약들이 떠올랐어. 갓꽃같이 얇은 것. 감꽃같이 도톰한 것, 깨꽃같이 길쭉해서 삼킬 때마다 목에 걸리는 약. 아침저녁으로 세 알을 작은 손바닥에 올려놓고 털어 넣는 일상이 내 몫이 될 줄 몰랐다.

흰 그늘에서 미처 『흰』을 다 읽기 전 덮는다. 어둠에서 꽃잎을 닫아버리는 자귀나무처럼 흰색의 쾌락이 그늘의 비감으로 옮겨가는 동안 사위는 어두워졌다. 완전히 모르는 것도 아니며 완전하게 안다고도 말할 수 없는 그 사이를 분주히 오가지만 나는 바란다. 흰색과 그늘이 나란히 가다가 또 끊어지다가 이어지다가 결국에는 흰색과 그늘의 소실점에 닿는다는 것을.

나

 헐레벌떡 내달렸다. 예약해 놓은 병원 시간에 쫓긴 것도 민감한데 시내버스 시간마저 간당간당한다. 간신히 올라탔다. 그제야 땀에 젖은 리넨 초록 원피스 앞섶이 눈에 든다.

 차창 밖은 평소와 다름없다. 횡단보도를 걷는 사람들의 표정은 늘 느낀 거지만 국어사전을 읽는 느낌이다. 한때는 내 집처럼 드나들던 서점을 지난다. '오늘도 똑똑한 하루'가 큼지막하게 적혔다. 버스는 사통팔달 길이 난 중심가의 오거리에 멈추었다. 기사 아저씨는 고개를 핸들에 잠시 묻는다.

 요새 마냥 둘러쳐진 건물들. '싱싱한 하루'를 내건 청과 상회. 이불 가게는 '편안한 잠이 보약'이라고 내걸었다. '당신이 꽃입니다'라고 적힌 꽃집. '사람과 박애가 있다'는 교회. '확실한 효과를 보여드립니다'라는 성형외과와 '부르면 무조건 간다'는 배달 오토바이가 달린다. 심지어 마사지숍에서는 '엄마의 약손'이라고 모성애를 자극한다. '딴딴하고 똑똑하게' 은행이 유혹하고 '여기에 광고를' 공백으로 두고 애원의 눈빛을 건넨다.

참 기묘한 발상들이 아닌가. 자신의 이름을 대변하는 하나의 상징이 아니겠는가. '환자 먼저. 건강이 먼저'라는 건물 안으로 들어섰다. 접수를 하곤 한 호흡을 가다듬고 혈압 체크를 위해 일어났다. 등을 곧추세우고 팔꿈치를 깊이 밀어 넣었다. 정상 수치를 벗어난 혈압을 보고 있자니 느닷없이 오는 길에 읽었던 문장들이 떠올랐다.

도대체 나를 나타낼 수 있는 것은 무엇일까. 아무리 생각해도 쉬이 떠오르지 않는다. 목을 빼고 진료대기자 명단을 읽는다. 강차자. 도점록. 이말란 깜빡이는 이름들. 여자의 옷가지를 만지작만지작하는 사내. 불안한 낯을 보인 할아버지. 옷매무시를 가다듬는 중년여성. 구겨져 말려 올라간 환자복을 입고 멍하니 앉은 앳된 남자. 저들은 어떤 문장을 만들어 놓았을까.

나는 어떤 문장을 만들고 있었던 것일까. 작은 몸체 안에 내가 득실거리는데 누구에게 맞추어야 하나. 본능은 수시로 돌출되어 나를 구박했다. 결혼 30년 차 한 남자의 아내, 경주최씨 집안의 며느리, 두 아이의 엄마, 친정엄마의 둘째 딸, 6남매의 형제, 수십 명의 친구, 글을 쓰는 문우, 얽히고설킨 선후배. 누구의 제자이기도 하지만 누구의 스승이기도. 오래된 이웃사촌. 단골 가게의 손님. 나는 12개의 가면을 쓴 하회탈이나 진배없었다.

옴짝달싹 못 하고 표주박처럼 여기저기 나를 매달아 놓은 건 아닌지. 분별없이 이 아이들을 데리고 기웃거렸다. 눈 동그랗게 뜨고 '나도 참 괜찮게 살고 싶어.' 손 내밀 때면 시치미 뚝 떼고 모른 척했다. 다가오는 너를 멀찍이 외면도 하면서 말이야. 때론 그 자리들이 버거워 숨이 막힐 지경이었다. 지쳐갔다. 그러니 나를 자신 있게 대변할 뭔가가 생길 리 만무한 게지. 번듯하진 않더라도 고약 같은 문장 한 줄 장만하지 못하고 왔다.

　그러다 각각의 탈을 쓴 내가 존재한다는 사실 따윈 까마득하게 잊기도 했다는 거. 문득 돌아보니 나의 위치가 사라지고 있었다. 시부모님이 돌아가셨으니 며느리 자리가 비었다. 혼자 힘으로 움직일 수 없던 친정엄마가 요양원으로 가셨으니 딸 노릇도 절반은 비었다. 제자를 받는 일도 줄이고 있으니 곧 스승이라는 자리도 공백으로 남을 것이다. 자의든 타의든 한때 나를 장식했던 이름들이 사라져 버리고 나니 이 또한 허허롭긴 마찬가지. 영원히 동행할 것 같은 도플갱어들이지만 언제 어떻게 멈춰버릴지 알 수가 없다.

　자리가 주어졌을 때, 최선을 다하라는 말. 그것이 생물이든 무생물이든. 색색의 우산, 우중에 슬쩍 불어오는 바람. 장마에 뭍으로 오른 미꾸라지. 편의점 앞 테이블 위에 거꾸로 엎어진 플라스틱 용품들. 녹색 시내버스. 국밥집 앞 흔들리는 개업

인형. 가지껏 소리통 흔들어 울어주던 매미. 서너 시간을 살다 간 하루살이. 어느 날 사라져버린 엄마의 틀니. 엇저녁 가로등 불빛에서 울어대는 귀뚜라미. 설익은 바나나를 살 때 느닷없이 퍼붓던 소나기. 낚싯바늘에 걸린 마산 방파제 갈치. 이들은 잠시 어긋나기도 하겠지만 자신의 신분에 충실했을 것이다.

우리가 어떤 자리나 위치에 서 있다 함은 무엇일까. 달리, 말하면 상대로 하여금 지켜보는 상황이거나 가능성을 엿보고 있거나 항상 기대를 걸고 있다는 말이 될 것이다. 때론 현실에서 그 자리는 가혹과 소름을 동반하기도 한다. '하겠다는 다짐'과 '해주겠지'라는 둘은 끊임없이 부딪쳐 상처를 냈다.

며칠 전 어느 소통 강사의 강의를 보며 저녁을 하고 있었다. 현대인의 고질병은 외로움이라고. 그럴 때마다 누구의 힘이 아닌 자신이 자기 이마를 쓰다듬어주고 안아주라고 했다. 겸연쩍기도 했지만 보는 이가 없으니 나는 가만히 왼손의 바닥을 펴서 이마를 짚으며 쓰다듬었다. 수 분 동안 그 행위를 반복하고 있는 나를 만났다. 그러고는 양팔을 겹쳐 손바닥으로 나의 어깨를 가만히 껴안았다. 어쩐 일인지 눈물이 찔끔찔끔 났다.

'그래 너는 잘하고 있고 앞으로도 잘할 거야. 점점 괜찮아지고 있잖아.' 그러자 수면 아래 질척하게 고여 있던, 고독감인지 허허로움인지 마구 뭉개지더니 걷잡을 수 없는 눈물이 쏟아지고 있었다. 네가 가련하다고 생각되었다.

  그야말로 무방비 상태에서 전혀 예측하지 못했던 일이었다. 이건 뭐 황당함과 비참함까지 몰려오더라는 거. 얼마나 흘렀을까. 나를 무장해제 시켜놓고 혼돈에 빠졌다. 빠졌다는 수동이 아닌 빠져버렸다는 능동이 답일지도 모르겠다. 평생 허상을 쫓다가 쫓겨나기 바빴으니. 답이 필요했다. 늘 나란 사람은 수시로 붕괴되고 나에 대한 시위는 끊임없이 생성되고 사라지고를 반복해 왔잖은가.

  요즘 극도로 예민해지는 통에 사실, 위로가 필요했다. 거창한 위로가 아닌 살붙이로 살붙이를 껴안는 순간, 작은 위무에도 무너지고 만 것이다. 이를테면 이도 저도 아닌 죄다 나의 허수아비들을 만들어 놓고 농번기 끝난 허허벌판에 세워 둔 꼴이다. 고즈넉한 밤이 오건만 뒤숭숭함에 잠들기는 글렀다. 비 그친 산 중턱에 흐릿한 달그림자가 묻는다. 맨발로 공중에 붕 떠다니는 너는 누구냐고 묻는다. 나는 앙가조촘 반쯤 눈을 감고 답신한다.

  '불에 든 나비거나 솥에 든 고기거나 간신히 그물을 빠져나온 새'이기도 했다고.

달마가 경비실 앞으로 간 까닭은

 일요일 이른 아침이었다.

 "아아······. 어젯밤 늦게 무단으로 달마도 액자를 버린 분은 자진신고 바랍니다."

 CCTV를 조사하면 바로 찾을 수 있다는 둥, 양심을 버리지 말라는 둥, 연거푸 경비 아저씨 목소리가 스피커를 타고 흘렀다. 한때는 개업선물이나 집들이 선물로 꽤 인기가 좋았던 달마도. 누가 버렸을까. 이 놈의 호기심은 끝간데를 모르더니 결국, 슬리퍼를 끌고 경비실 앞으로 갔다. 족히 1미터는 되어 보였다 액자 안에 맨발의 달마대사가 지팡이를 들고 눈썹을 휘날리며 섰다.

 P는 오래전부터 금장으로 그려진 자그마한 달마도 한 장을 지갑에 넣고 다녔다. 더군다나 속설에서조차 벗어나지 못했다. 가령 13일은 불행, 7은 행운을 준다는 믿음. 보름달이 뜨면 범죄의 확률이 높아진다는. 이런 미신의 전형적인 헛소리에 유독 귀를 기울였으니. 그것으로도 부족했을까. 뭐 눈에 뭐만

보인다더니. 어느 날 그와 한적한 야외에서 점심을 먹고 나오던 참이었다. 인적 드문 공터에 남자가 문짝만 한 족자를 팔고 있었다. 눈꺼풀 없는 달마대사가 용의 등에 올라타 세상을 관조하는 듯한 표정.

관심을 두는 P의 눈빛을 읽어서인가. 콧잔등 푹 내려앉은 사내는 입에 거품을 무며 떠든다. 작가 경력이 꽤 있는 고명하신 네팔 스님께서 직접 그린 작품이라고. 그러니 시중의 복사품이나 인쇄본과 비교하지 말란다. 수행할 때 수마를 쫓기 위해 눈꺼풀까지 잘라 버린 달마대사의 정신과 재테크를 운운한다. 무병장수는 말할 것도 없거니와 사돈의 팔촌 집안까지 액운을 제화하고 좋은 기운을 불러들인다는 말에 P의 눈이 요동쳤다.

결국, 거금을 들여 산 족자는 그녀의 침실 머리맡에 내걸렸다. 부모 모시듯 섬기고 다니는 걸 보노라니 말문이 막혔지만 나는 P가 아니었다. 콧잔등 푹 퍼진 사내의 말은 빈말이 아니었던지 돈깨나 만지며 여기저기 땅도 좀 사고 건물도 사들였다. 그럴수록 나는 P의 가없는 물욕이 가련해 보였고 P는 숫제 나를 세상 물정 모르는 아이 취급을 했다. 이내 달마의 에너지로도 모자랐는지 불교 계열의 사이비 신흥종교 단체에 빠져 허우적거리기를 서너 해.

나는 어차피 자신의 인생을 개척하는 것은 자신뿐이라 말했고 P는 자신이 믿는 신이 자신의 인생을 개척해준다고 막무가내로 주장했다. 인간은 궁할수록 어딘가에 매달린다고 했던가. 그러니까 7년 대흉이 들어도 무당은 굶지 않는다는 말이 나왔는지도 모르겠다. 많은 사람이 믿으면 그대로 현실이 된다는 어리석은 생각을 하는 이들. 종교와 사이비 종교, 관습과 미신, 그 두 축이 추구하는 기착지는 절대 합일될 수 없다. 과거에도 그래왔고 앞으로도 그럴 것이다. 누구에겐 바위가, 원숭이가, 바오바브나무가 신일 수도 있다. 그만큼 서로의 관점에선 이중생활이고 분열이지만 각각에게는 오르지 하나뿐인 신.

생각보다 사는 일은 질기고 독했다. 기껏 몇천 원의 스티커 값조차 아까워 그 영험하다던 달마가 한밤중에 내팽개쳐졌다. 용의 등에 올라타 만물을 다스리며 무병장수 운까지 관장한다더니 젊디젊은 P를 하늘로 데려가 버린 걸 보면 나에게 여전히 신은 없다. 그럼에도 불구하고 지금 어딘가에선 신을 찾고 어딘가에선 신에게 배신당한 사람들이 떨고 있는 실상.

무릇 지금 신은 어디에 있는가.

제4부

여행자의 노트

목탄화의 땅—몽골

 게르에 누웠다. 엊저녁 공동샤워장에서 샤워 도중 전력 할당량이 다 되어 버렸는지 온수가 끊어졌다. 얼음장 같은 찬물로 급하게 씻고 나왔더니 감기 기운이 도졌다. 이곳은 8월이지만 기온 차가 심하다. 날씨 변덕 또한 장난 아니었다. 울란바토르에서는 반팔 차림으로 돌아다니다가 몽골의 마지막 황제 복드 칸이 살다 간 겨울 궁전에 들릴 때는 비가 몰아쳤다. 이렇다 보니 밤이면 난롯불은 자연스러운지도 모른다.
 한기가 스민다. 난롯불이 식어가는 모양이다. 아낙이 들어와 불을 지핀다. 짐짓 모른 척 눈을 감았다. 낮에 테를지 국립공원으로 가면서 보았던 이질적인 모습이 생각났다. 온종일 달려도 나무 한 그루 없는 허허벌판에 섬처럼 둘러앉아 무언가를 캐던 사람들. 누군가가 물었고 가이드가 설명을 덧붙였다. 건조한 날씨에 바짝 마른 동물들의 똥을 주워 불을 지핀다는 것이다.
 발꿈치를 가볍게 든 여인이 들어왔다. 식어버린 난로에 불을 지핀다. 광활한 벌판을 누비던 목축들이 싸놓은 똥, 죽은 짐승의 뼈가 걸리고 양털로 덮어씌운 집에 누워 있자니 무언가 나를 발가벗기고 있다는 느낌이 흠씬 든다. 녹녹했던 몸이 달아오른다. 하늘과의 연결통로라고 믿는 바간으로 내려온 신처럼 어여쁜 사람이 불을 지펴주고 나갔다. 몽골인이 일생을 다 보내고 죽어 갈 때 "절대 화로의 불을 꺼뜨리지 말라."라는 유언을 남긴다고 한다. 영하 50도에서 아스팔트마저 갈라지는 혹한의 겨울을 이기는 법에 어찌 불을 함부로 할 수 있겠는가.

생소한 곳에서 잠깐씩 드는 잠은 늘 조각잠이다. 플래시를 들고 밖으로 나갔다. 어둠 속에서 말 두어 마리가 풀을 뜯는다. 하늘을 올려다보니 여전히 별은 오리무중이다. 몽골과 별은 동일어라는 말이 있다. 이번 여행은 운이 없었는지 갈망했던 별을 보지 못했다. 비가 왔거나 날이 흐렸거나 반복이었다. 작은 고비사막에 누워 별 대신 풀벌레 소리에 만족해야만 했으니.

여전히 난롯불은 타오르고 좀체 잠들지 못했다. 낮에 거쳐 왔던 풍경들을 떠올린다. 구릉지마다 샛노랗게 뒤덮었던 유채들. 양고깃집 남자의 우린 모두 친구라며 거나하게 불러주던 노래. 서너 살 아이들의 기병 솜씨. 온 밤 내 나는 칭기즈칸의 나라에서 꿈을 꾸듯 조각잠에 빠졌다.

문고리가 덜컹거린다. 부지런한 목축들이 게르 문을 핥고 있었다. 풀밭에 길을 내듯 갈라진 샛강을 따라 천천히 걸었다. 에델바이스가 허옇게 풀어졌다. 발아래 밟히는 모든 것들. 꽃과 똥을 밟으며 떠나오기 전 담아온 마두금 선율을 열었다. 끝도 없이 논쟁의 대상이 되는 돈과 권력과 오만은 개나 줘버리라는 그 말을 실감한다.

한차례 바람이 불자 밀밭이 수런거린다. 독수리가 구름 사이로 낮게 비행하고 아침 바람이 말의 등선을 넘어간다. 이곳의 말들은 유독 후각이 발달 되어 바람으로도 길을 찾는다나. 아침에 먼 곳에서 말을 팔고 저녁때가 되니 고개를 넘고 산을 넘고 강을 건너 주인을 찾아왔다는 스토리는 흔했다.

다소 황량하기까지 보이는 비탈에선 아침부터 양과 염소들이 몰렸다. 다소 중구난방해 보여도 나름의 법칙이 있다고 했던가. 한 자리에서 풀 뜯기를 좋아하는 양의 습성과 이동하면서 뿌리 캐기를 좋아하는 염소의 습성을 살려 함께 기른다고. 가령 양 일곱 마리에 염소 세 마리 정도의 비율이란다. 게으른 양은, 부지런하고 호기심 많은 염소를 따라 이동을 하고 추위에 약한 염소는 추위에 강한 양이 파헤쳐 놓은 곳을 다니면서 뿌리를 먹는다고. 동행과 보완을 적당하게 버무려 살아가는 세계가 거룩하다.

낮고 아득한 이곳에서 망아지와 말들과 소와 양떼가 순연하게 길을 내며 걸어간다. 비대칭의 몸들이 길을 내며 이동한다.

초원마다 죄다 똥으로 덮였지만 똥이 아닌 풀을 닮은 이들. 그럼에도 나는 여전히 황량하고 지극히 말랐으며 처절할 만큼 불편했던 이 땅이 그리울지도 모른다. 목탄으로 소묘한 듯한 단색의 땅. 간혹 생경스럽게 백양목과 포도덩굴이 넝쿨지게 자랄 것도 같은 땅. 그곳이 몽골이다.

돛으로 떠나고 닻으로 돌아오다

 미등을 껐다. 고치다 만 원고를 밀쳐 두고 등받이를 길게 눕혔다. 건너편 구룡포 항구의 불빛들이 너울 친다.
 고백하건대 숨통이 트고 싶을 땐 애먼 바다가 제격이다. 양포, 모포, 하정, 보릿돌, 삼정, 구만리……. 대구-포항 간 고속도로를 타고 가다 31번 국도를 따라가면 만나게 되는 지명들. 어영부영 휩쓸리던 나를 지탱해 주던 곳, 단단하게 걸머메어 주던 곳. 하여 일 년에 열두어 번은 드나드는 셈이다.
 오늘은 병포리 방파제에서 묵고 가기로 작정했다. 부둣가까지 가볼 참으로 중무장을 하고 이어폰을 챙겼다. 때마침 들어오는 큰 배를 향해 손을 흔들어 보였지만 보일 리 만무하다. 내 흥에 겨워 한 짓이니 괜찮다 다 괜찮다. 목조계단을 따라가니 구룡포의 전설을 담은 벽화가 제법 길다. 혼자 놀기의 진수를 보여주겠다며 제법 깨끗한 콘크리트 바닥에 드러 누웠다.
 밤이 이울자 코끝이 얼얼하다. 휑한 공터에 폐선 두 척이 생뚱맞다. 내려앉은 선미를 뚫고 자란 마른풀들이 수런거린다.

오대양 육대주를 거침없이 누볐을 몸체가 아니던가. 동력 꺼진 빈 이마 맞댄 폐선 위로 바닷바람이 제집처럼 드나든다.

남방파제의 흰 등대와 북방파제의 붉은 등대가 불을 밝힌다. 마을로 들어섰다. 오징어 건조 작업이 한창이다. 꾸들한 오징어를 손질하며 씩 웃어주던 그녀. 방금 할복을 마친 오징어에 꼬챙이를 끼우며 언 손을 호호 불던 남자. 이국의 바닷가에서 그들의 고단한 밥벌이는 밤이 늦도록 이어지고 있었다.

난 해가 뜨기 전 서둘렀다. 이곳을 빠져나가 감포로 이어지는 해안도로를 훑어볼 참이었다. 나지막한 돌담과 수묵화 같은 소나무가 웅장한 계원마을. 검붉은 용 비늘을 한 수피와 뒤틀린 아홉 개의 가지가 용솟음치는 형상. 언제까지 여기 그대로를 지키고 있을까. 오지랖 넓은 길손의 생살여탈권 없음을 아는지라 소나무는 묵묵히 동해를 굽어볼 뿐.

보릿돌을 지나 구룡포 읍내의 근대문화역사거리로 들어섰다. 목조주택 창가마다 화려한 조화가 생뚱맞다. 하시모토 젠기치가 거주했던 2층 적산가옥을 보고 좁은 계단을 내려왔다. 은폐와 보존을 두고서 고심했을 근대거리. 상반된 두 얼굴로 살아왔을 마을. 잔존도 새옹지마가 될 수 있지 않던가. 나는 이 거리를 함묵의 거리라 칭한다. 골목은 기억할까. 파란만장했던 시대의 아픔을 말이다. 떠버리 약장수나 고래 해체 작업으로 들어왔던 인파들로 전성기를 누렸다던 신도여관. 세월을 비켜갈 수 없었던지 늙수그레한 외곽이 안쓰럽다.

욱신거리는 아픔을 필터링하며 모리국숫집 둥근 테이블에 앉았다.

"40여 년을 국수 팔고 고마 일주일이나 덜컹 입원했심더. 오늘 문 열었는데 용케 맞았니더."

벌건 육수에 덤벙덤벙 쏜 생물 장치와 굵은 면발이 만났다. 걸쭉한 국물에 밤새 앓았던 근육들이 일제히 풀어진다. 바쁜 뱃사람들을 위한 음식. 짧은 시간에 빈속을 채우고 데워 뱃가로 보냈다는, 아녀자들의 수굿함이 배인 국수를 놓고 섬세하게 뼈를 발라 고기의 육질을 탐한다. 한번은 먹어 봐야 안 되겠냐고 얼마나 나 자신한테 생청을 썼던가. 오후에 들자 봄날이다. 은행나무 아래 섰다. 나는 이 도시가 왜 이렇게 횟집의 청대콩처럼 친숙할까.

이곳이 고향인 지인이 있다. 고래 해체 작업에 넋을 놓았다던 소년. 거구의 일본 할매네 분식집에서 단팥죽에 찐빵 문혀 먹는 걸 좋아했었다고, 까슬까슬한 소년은 이제 예순이 넘었다. 소년이 짝사랑했다던 외과의원 딸내미도, 어부들이 떨궈낸 잔고기 줍던 병포리의 분자도 예순이 넘었겠구나.

장도를 들 때마다 의식을 행하듯 거룩해 보였다는 사내도 오래전에 떠나고 없는 항구. 수십 척의 어선이 앉은뱅이저울처럼 포구에 낮게 깔렸다. 계단을 내려와 대보면 구만리로 접어든다. 기억만으로도 좋아서 하마터면 울 뻔했던 곳. 나는 청보리가 얼추 내 허리께쯤 왔겠거니 생각이 들면 이곳을 다녀간다. 노란 지붕을 한 이 층 주택, 샛길을 따라 해변으로 내려가면 번잡함마저 묻어준다. 치렁치렁한 고해사를 고백하기 좋은 곳, 그런 날은 봄날에서 여름으로 이어질 때였다.

꼭지미역같이 둥글고 짧았던 하룻밤의 겨울. 나는 이제 뭍으로 간다. 차창 밖으로 도구 해변이 을씨년스럽다.

여과지를 통과해 나온 커피의 맛은 제각각일 거다. 떠나 온 여행에서 파투가 났든 진탕만탕으로 넘쳤든 무슨 상관이랴. 무맛이면 또 어떤가. 떠나라고 하는 돛의 유혹, 그만 돌아오라고 하는 닻의 유혹. 그것들을 하나의 수술형식으로 봉합할 수는 없다. 관계의 확장은 늘 재해석을 끌고 오는 힘이 있었다. 그 힘을 아는 까닭에 줄곧 이 바다들을 껴안고 돌아가면 한 계절이 너끈하지 않았던가.

달달하게 혹은 아련하게

 나는 지금 백 년을 만나러 간다. 질감 좋은 연필 한 자루를 필통에 챙겨 넣은 기분이랄까. 집을 나설 때의 태무심은 이내 사라졌다. 대구 도심에 있는 청라언덕을 찾던 날은 일요일이었다. 2월의 담벼락은 마른 담쟁이넝쿨로 줄기 벽화를 그렸다. 아름드리나무들과 붉은 서양식 주택 세 채가 이국적이다. 1900년 즈음 스위츠, 챔니스, 블레어 세 명의 미국인 선교사가 거주했던 집을 둘러보며 잠시 동산병원 '은혜정원'의 묘비명을 읽는다. 우리가 어둡고 가난할 때 머나먼 이국에 와서 배척과 박해를 무릅쓰고 인술을 베풀다 간 그들이 잠든 곳.

 덤덤한 바람이 나뭇가지를 흔들었다. 3·1 만세운동길을 내려가 계산 성당으로 갈 참이다. 누런 고양이 한 마리가 십자가를 멀거니 쳐다보다 화단 귀퉁이에 몸을 오므린다. 유홍준은 「오므린 것들」이란 시에서 오므린 것들은 죄를 짓지 않는다고 했다. 내가 내게 오므린 것들이 몇 개 있냐고 자꾸 묻는데 옹색한 변명만 오므라든다.

진일보했던 학생들의 스토리를 보면서 오거리를 가로질러 고딕 양식의 성당을 찾아찾았다. 서울과 평양에 이어 세 번째로 세워진 건물이다. 세월의 더께가 말해주는 중후함이야 말해서 뭐하랴. 육중한 문을 열고 내부로 들어갔다. 다행히 미사 시간은 아니었다. 스테인드글라스는 햇빛을 걸러 들여오고 네다섯 명의 신도는 묵상 중이다. 뒷전에 앉아 나도 공손하게 짧은 묵상을 드리는 오후. 내가 내게 또 질문한다. '너의 온건한 척한 편리성은 어디까지.' 보여줄 거냐고.

옛 가옥 100칸의 일부로 남아 있다는 '진골목식당'. 늦은 점심으로 육개장을 시켰다. 익히 알던 맛이 아니었다. 벌건 국물에 대파 건더기가 수북하다. 장터 국밥 같은 느낌이랄까. 소소한 여행코스와 대를 이은 빵집까지 안내해주었던 서먹한 사내를 식당에서 다시 만났다. 멋쩍음과 반가움이 교차한다. 대구가 토박이라는 남자도 이 맛을 잊을 수가 없어 자주 찾아온다고. 아직도 내게는 생소한 맛으로 남아 있지만, 누군가에게는 힐링의 음식일 게다.

다섯 보 걸음 앞엔 수십 년 된 미도다방이 있다. 두어 달 전인가. 호기심에 들렀던 곳이다. 대부분이 노년이었다. 나는 그들을, 그들은 나를 멀뚱히 쳐다봤다. 잠시 세월을 뒤집을 수밖에 없었다. 염치불고하고 약차 대신 아메리카노를 시켰다. 오래된 다방에 어울리지 않은 메뉴였을까. 생뚱맞다는 종업원의 표정이 잊히지 않는다. 내게도 얼마 남지 않은 노년. 덜컥 외로워진다. 이쯤에서 자신과의 감정 소모가 만만찮다.

어느새 코스를 벗어나 발길 닿는 대로 걸음을 옮겼다. 끊임없이 만나고 보내고 헤어지기를 몇 번. 전쟁 직후 대구 피난민들의 이야기를 다룬 『마당 깊은 집』의 배경을 우연찮게 만났다. 위채에 살던 주인댁과 세 들어 살던 피난민들의 삶을 다룬 소설. '한옥국시'라고 적힌 골목길을 들어섰다. 열린 대문을 빼꼼 들여다보니 그들의 목숨줄 같았던 무청 시래기가 빨랫줄에 얼크러졌다.

마주한 서상돈 고택의 갈맷빛 나무 두 그루를 품으며 '빼앗긴 들에도 봄은 오는가'가 흘림체로 적힌 벽화 앞에 머문다. 표정과 행동이 시가 되는 시간. 시를 읽고 그림자놀이를 한다. 동행도 좋고 혼자도 좋다. 때론 어긋나게, 때론 오던 길을 돌아서 간다. 아이를 앞세운 아버지가 지나가고 거나하게 취한 노년이 지나간다. 작가의 정체성, 백성의 정체성 그 둘을 먼 곳에 던져두고 살아있는 시집 한 권을 다 읽은 셈이다. 팽팽한 긴장감이 없는 이 길이 좋다.

흐트러진 걸음은 둔감해졌다. 신체가 묶이는 시간을 은연중 거부하고 있었을까. 만나지면 그것으로 족하다. 뒤틀린 목재를 벗어나 느슨하게 만나는 것들은 나름 꽤 매력적이었다.

매력도 오래가진 못했다. 지쳐 찾아간 곳은 대구 최대의 재래시장인 서문시장이었다. 조선시대 평양장, 강경장과 함께 전국 3대 장터의 하나로 이름 떨친 전통시장이다. 그러고 보니 3·1 만세길을 내려올 때 옛 서문시장의 흑백사진을 본 기억이 났다. 순종황제가 돌아가시자 백립을 쓴 백성들이 시장으로 몰려든 광경.

한 평이 될까 말까 한 수십 개의 국숫집마다 면발 같은 이야기들이 푹 끓는다. 수천 개의 점포가 내건 이름들이 파닥인다. 천황당지 건너는 개골창 물풀에 눈이 그치고 봄이 왔을 터. 샛별에 밥 한술 뜨고 잔별이 다문다문 뜨면 거나하게 취한 몸 데리고 돌아갔을 터. 주단에 포목 한 봇짐 지고 싸리문 밀치며 '여보게 나 왔어.' 울을 넘는 목소리 많았을 터. 진밭골 재종형님, 강창나루 5촌 당숙 만나 춘궁기 안부 나눈 이야기하랴 새벽잠 들었을 터.

백 년을 토방에 숨겨 놓은 고구마 깎아 먹듯 먹어 치웠다. 근대문화골목은 무너질 듯 이어지고 있었다. 깡과 꾀로서 고집스레 버텨 왔다. 오늘 만난 곳은 유심과 무심이 교차되는 곳. 덤덤한 숙명을 짊어지고 걸어갔던 곳. 지독하게도 소원과 한이 서린 곳. 현란함과 옛것들의 비대칭. 그닥 어울릴 것 같지 않지만 적당히 균형 잡힌 모양새가 외려 푸근했다. 그러니 억울하지 않다. 올곧은 청년과 품안 넉넉한 숙녀가 보폭을 맞춰 걷는 순정한 길. 내 사는 동안 살다가 또 이렇게 백 년이 흘러가서 남을지 사라질지는 아무도 모를 일.

　나는 오늘 근대문화路에서 달달하기도 아련하기도 한 존엄을 만나고 돌아간다.

무흘구곡을 거쳐 청암사 가는 길

 일주일 전 출장을 떠난 H로부터 느닷없이 문자가 왔다.

 '나는 지금 꿈의 도시 스트라스부르에 있습니다. 한 시절 건달이 되어 방랑하고 싶은 곳이 여기인 것 같습니다.'

 밑도 끝도 없이 건달이 되어 머물고 싶다니. 때론 클라리넷 부는 집시여인과 존경에 빠지는 것도 괜찮을 거라고. 여기서는 로맨스그레이의 꿈이 이뤄질 것 같다나. 그의 미지근한 적막이 내 발목까지 적셨다.

 나분히 분자 탓만은 아니다. 어느새 이곳에도 가을과 겨울이 뒤섞이고 있었다. 일단 떠나고 볼 일이다. 그리하여 달려간 곳은 경상북도 성주에서 무흘구곡을 거쳐 김천의 청암사와 수도암에 이르는 길이다. 배춧잎 같은 봄날도 좋지만 잘 버무린 김장 같은 이맘때도 꽤 매력적이다.

 이방의 도로는 한갓지다. 메주콩을 두드리는 할아버지의 등살이 넉넉한 오후. 막대기를 두드리자 노란 콩알이 튄다. 어느 마을엔 산수유 붉은 열매가 하늘을 덮었다. 여전히 여백 많은 마을이 이어진다. 어디쯤이었을까. 염주알을 엮어 발을 내다 걸어 놓았다. 냅다 뛴다. 빈집의 슬레이트 지붕 처마 끝에는 뱅뱅하게 돌려 깎은 감이 내걸렸다. 바가지를 엎어놓은 솥단지도 좋다. 잎갈나무 산자락을 마당에 들인 적막도 좋다. 허물어져 간다는 것은 세상을 포용한다는 것. 염주알이 아니면 어떤가. 살다 보면 골목길에서 한 번쯤은 허술하게 당할 수도 있는 게지.

늦은 점심을 먹고 나오니 흔들리는 필라멘트마냥 비가 흩뿌린다. 사납지 않아서 어여쁜, 비구니 승가대학 청암사로 간다. 언제까지 제 모습을 잃지 않을까. 통일신라시대의 도선국사가 건립한 천년 고찰이다. 전소와 소실을 번갈아 가며 다섯 번의 중창을 거쳐 오늘에 이르렀다니 그 숨결이야 오죽하겠는가. 부처님의 허락 없이 부처님의 세계에 든다.

지형적으로 소의 코를 닮았다는 우비천(牛鼻泉)에서 물 한 바가지를 마신다. 부처님의 영혼이 깃든 불영동천에 이끼 자욱하고 바위마다 이름이 지천이다. 유독 눈에 띄는 이름 하나가 반갑다. '최송설당' 대운당 용각스님을 도와준 대시주가 아니던가. 그녀는 영친왕의 보모답게 불길 잦아 저물고 있는 청암사를 어루만져 쇠락한 절집에 찬란한 꽃을 피워 올렸다.

산길을 허위허위 오르니 범종각 앞에 몇 잎 남지 않은 단풍잎이 스산하다. 보에 매단 목어와 범종이 새벽예불과 저녁예

불을 기다리며 소리를 아낀다. 나는 이제 극락교를 건넌다. 붉은 맞배지붕 정법루를 지나 곧바로 대웅전 이층계단에 올랐다. 석물 사자상을 오래 바라보고 있으려니 뒤뜰로 돌아간 사내가 팔작지붕 아래 빈 벽을 어루만지더니 겹처마 올려다보는 눈길 지긋하다.

승방 앞에 있는 고목이 된 목련나무를 찾았다. 올여름 무성했던 잎은 누가 데려갔을까. 속박 없는 비워냄은 정갈하다. 돌이켜 보니 이 나무에서 마땅히 꽃을 본 적이 없었구나. 봄날에도 다녀갔건만. 늘 꽃 진 나무만 봐 왔던 게다. 자목련이 필까. 백목련이 필까. 하긴 놓친 게 어디 그뿐이랴. 정오에 들을 수 있다는 열두 번의 종소리도 번번이 놓치질 않았던가. 아무래도 목련꽃이 환하게 피는 봄날, 정오에 다녀가라는 암시가 아닐는지.

다시 극락교를 건너 계곡의 북쪽 언덕바지에 있는 보광전과 극락전에 올라 볼 참이다. 온갖 나무의 가지들이 허공을 떠받드는 자태도 곱거니와 맞은 편 희끗희끗하게 나이 들어가는 대웅전을 마주할 수 있으니 더없이 좋다. 열다섯 살의 나이에 숙종의 비로 간택되었지만 희빈 장씨의 계략으로 폐서인 되었던 인현왕후. 그녀를 닮아 요란스럽지 않은 극락전의 숫을대문 앞에 주목 한그루가 부처님 귀로 세상 소리를 걸러 낸다.

갑자기 조용하던 경내가 시끌벅적하다. 달갑지 않은 수다에 돌아보니 우산을 쓴 세 여인이 서로 주장을 펼치는 중이다.

"인현왕후 인품이 정말 좋았다던데……. 암튼 여자의 적은 여자야."

"아니야 왕후가 질투가 많아 숙종한테 버림받았다고 하던데." 누구의 말이 맞을까. 왕후가 묻혔다는 경기도 고양의 명릉에 가서 물어보고 올 수도 없는 노릇이다.

그녀들이 설전을 펼치든 모의를 도모하든 난 이제 수도암으로 간다. 청암사에서 부속 암자인 수도암까지의 눈요기도 볼 만하다. 깊고 안온함에 눈을 감고 있노라면 오래된 전나무의 전언이 들린다. 청기와 얹은 관음전을 오른쪽에 두고 텃밭을 에둘러 대적광전의 뜰 앞에 섰다. 비로자나불상의 설명문이 생생하다.

'사각형에 가까운 얼굴, 가늘게 치켜뜬 긴 눈에 펑펑한 코, 굳게 다문 입술과 턱 밑으로 짧은 주름이 있다.'

일순 불상에도 미의 유행이 도래되는 날이 올까 생각하니 설핏 웃음이 새어 나온다. 그리하여 훗날 어느 사찰의 불상이 뭇 인간들을 유혹하여 발길 불러들일지는 아무도 모를 일. 거참 신성한 도량에서 이리 불순한 생각을 하고 있다니 부끄럽기 이를 데 없다.

까닭없이 자신한테 데면데면해져 대적광전의 열린 문틈을 살며시 훔쳤다. 비로자나불상 앞에 누군가 바친 핏빛 호접란

이 묵상 중이다. 나는 기도 대신 문을 닫고 나와 물끄러미 삼층석탑과 눈을 맞춘다. 돋을새김한 여래좌상에 묻은 석공의 손길이 천년을 건너왔음에 숙연해진다.

멀리 산봉우리가 운무에 싸였다. 참나무마다 똬리를 걸쳐 놓은 듯 겨우살이가 자리를 텄다. 이곳 연화봉은 첩첩한 산들이 모여 피워 올리는 연꽃이 장관이라는 말을 익히 들었다. 사계마다 다른 색으로 피어난다는 연꽃. 겨울엔 백련이 그저 그만이란다. 좀체 보여주지 않으니 애써 욕심 들이지 않으련다. 비록 벙그는 연꽃은 보지 못했지만 내 몸 들인 집이 가야산 아래 연꽃이었다니 그나마 다행이지 않은가.

소박한 여행에 걸맞은 순한 사찰에서 종일 잘 놀았다. 부드러운 무흘구곡, 담담한 청암사, 담백한 수도암을 떠난다. 안테나를 애써 빼 올리지 않아도 온갖 소리가 다 잡혔던 곳, 무게를 들어낸 겨울 숲이 말갛다. 그나저나 H는 건달이 되었을까. 클라리넷 부는 여인과 사랑에 빠졌을까.

애가의 땅―베트남

 설익은 망고를 먹으며 옌뜨사원을 거니는 중이다. 소원 하나 정도는 꼭 이루어 준다며 빌어 보라건만 그다지 빌 소원이 없었다. 기둥 하나로 천년의 세월을 견뎌왔다는 일주사를 거닐면서도 마찬가지였다. 그저 머릿속으로 드는 생각이라고는 이 나라는 쓸데없는 전설이 이다지도 많을까 싶을 정도였다.
 불가사의한 신의 정원이라는 땅을 어슬렁거리다가도 통킹만으로 흘러드는 까이강에 첨벙이는 물소떼와 뒤섞여 헤엄을 치고 노니는 사람들. 달아오르는 햇살에 농모자를 벗어놓고 부겐빌레아 그늘을 잠시 빌렸다. 앉고 보니 풋풋한 남녀가 앉은 옆자리였다. 파인애플을 사러 간 남자가 땀을 뻐적이며 돌아와 여자에게 먹여준다. 흔들리는 수상가옥 뱃전에 빨래를 널어놓고 부리나케 달려왔을지 모를 여자와 껑족 부족장의 손자일지도 모를 남자가 꽃물보다 더 붉다.
 나는 발뒤꿈치에 물집이 잡히도록 하염없이 걸었다. 독립을 갈망했던 호치민 주석의 염원이 이루어진 바딘광장에 섰다. 그늘 한 점 없는 열기에 몸이 진저리를 치지만 머릿속은 되레 맑다. 걸음마다 흘러듣던 전설들이 어쩌면 전설이 아닐지도 모르겠단 생각이 드는 거였다. 현대사의 비극은 내 나라, 네 나라 할 것 없이 도처에 깔렸다. 실체 없는 이데올로기나 수십 년 전 전쟁의 광기는 묻은 것일까 잊은 것일까.

문득 베트남 전쟁을 소재로 다루었던 영화가 생각났다. 제목마저 잊었지만 결코 잊을 수 없는 한 장면이 있다. 남베트남과 북베트남이 서로 대립하던 때. 정글로 숨어들었던 무장 게릴라 조직인 북베트남 월맹군 색출을 위해 미국이 밀림 고사 작전으로 다이옥신을 뿌렸다. 안갯더미가 뭉글뭉글 피어올랐다. 하루하루 치열하거나 지겨움에 비행기를 쫓아다니며 달려가던 군인들. 뿌려진 고엽제를 모기약이라 생각하고 웃통을 벗어던지고 온몸에 바르던 군인. 그 숲에는 한국에서 파병된 수많은 김 상사도 박 상사도 있었다. 전쟁이 끝난 지 수십 년이 흘러가지만 여전히 고엽제의 상흔은 현재진행형이다.

오래전 영화를 기억하는 일은 연결고리를 찾고자 함일 수도 있지만 이쯤에서 그만 떠올리고 싶다는 장치일 수도 있겠다 싶었다. 걷고 또 걸어보지만 개운하지가 않다.

골목마다 대로마다 컹컹 짖어대는 개들의 천국. 호수를 한 바퀴 돌다가 누군가의 발에 밟혀 목 부러진 플루베리아를 보았다. 별생각 없이 안쓰러운 마음에 대궁이를 일으켜 세우다가 순식간 머릿속을 뒤흔들면서 비집고 들어온 장면들이 있었다.

그 다큐 역시 영화 못지않게 나를 우울하게 만들지 않았던가. 베트남전에 파병으로 참전했던 한국군이 꽝남성 퐁니 퐁넛 마을의 민간인을 잔인하게 학살했다는 르포.

'유방이 도려진 채 성폭행을 당한 아이. 수류탄에 엉덩이가 날아가 버려 평생 앉을 수 없었다는 아이, 먹지도 못해 비쩍 마른 몸으로 동굴에 숨어든 그들에게 수류탄을 던지고 수십 번씩 칼질을 해댔다는 한국의 군인들.'

물론 길어지는 전쟁 탓에 몰아치는 공포가 그들을 절망케 했는지도 모른다. 전쟁은 언제나 재해석의 여지를 남겨두는 법이니까. 그렇다고 합리화시킨들, 그것이 내가 주권을 가지고 있는 대한민국의 국민이라고 윤리가 변질되지는 않는다. 그때에도 경악했지만 지금 무심한 듯 흘러가는 호수 물결을 보노라니 불편한 진실에 가슴이 울울하다. 살아남은 마을의 두어 명이 한국군의 사죄를 촉구하던 장면. 그들에겐 고통이란 전쟁이 끝났다고 끝이 아닌, 그날이 이어지고 있을 뿐이라고 했다.

미안하다는 말. 사죄한다는 말. 말의 무게를 가늠하다 순식간에 퍼붓는 소나기에 주석궁 지붕 아래로 죄인마냥 쫓겨든다.

어느 날 그대가 내게로 왔다
나의 아고리(이중섭)에게 보내는 편지

마음 이야기

요 며칠 습관적으로 지도를 펼쳐놓는 일이 잦습니다. 아고리가 태어난 평안도, 마사코에게 남쪽에서 온 덕스러운 여인이라는 뜻의 '남덕'이라는 이름을 지어주고 결혼식을 올렸던 원산. 당신이 거쳐왔던 도시들은 어디쯤이었을까를 유추하곤 합니다.

'아고리'라는 호칭을 접하니 100년이 어제 같습니다. 일본 유학 시절 연인이었던 후배 마사코가 턱이 긴 당신을 위해 애칭으로 불러주었다는 '아고리'. 잠시 제가 비집고 들어옴을 혜량하여 주시길 바라옵니다. 그리고 고백건대 아무리 가벼운 예술론이라지만 많이 조심스럽습니다.

그럼에도 어느 순간 아고리가 갑자기 훅 들어오더군요. 작년 여름일 겁니다. 지나간 예술 영화 〈이중섭의 눈〉을 보다가 내 감정이 진탕(震蕩)이 되어 버린 경험. 아득하다는 말을 실감했죠. 그날부터 시골 작은 도서관에 박혀 관련된 책들을 모조리 읽었죠 뭐.

미술관 이야기

그리하여 다시 '이중섭미술관'을 다녀왔습니다.

직접 보는 양면화와 은지화의 이미지에 상당히 혼란스러웠습니다. 누드들은 뒤엉키고 사람만 한 물고기, 하늘을 나는 과일들, 가늠할 수 없는 비현실적인 구성에 어안이 벙벙했지만, 자리를 벗어날 수가 없더군요.

〈길 떠나는 가족〉은 지금도 저를 울립니다. 소달구지 위에 탄 여인과 두 아이의 모습. 유토피아를 상징하는 꽃눈과 비둘기와 구름이 손님처럼 등장하고 앞에서 끌고 가는 사내는 환희에 벅찹니다. 당신의 남쪽은 행복했나요?

유학 시절 친구와 찍은 사진은 해맑기 그지없는데 열여섯 해가 지난 어느 가을 그대는 어쩌다 시체실 한구석에 무연고자로 남았던가요.

'예술은 진실의 힘이 비바람을 이긴 기록'이라던 당신. 그러고 보니 68년 전 오늘이 당신 떠난 날이이군요. 9월 6일. 달라진 것 없는 어느 하루 가을 초입에 들었네요.

오래된 팔레트 유품을 보고 있습니다. 경애의 징표로 연인이었던 야마모토한테 건넸다지요. 남편의 분신인 양 70년을 애지중지하다 미술관에 건네주고 간 아내. 가히 아고리와 남덕 여사입니다.

영화 이야기

오늘은 남덕 여사(山本方子, 100세)의 인생을 이야기한 다큐멘터리 〈이중섭의 아내〉를 보는 중입니다.

아고리와 1년을 살았던 서귀포 집을 찾은 남덕. 집주인이었던 순복 할머니와 이야기를 나누는 장면이 이어집니다. 잘 곳과 먹을 것이 없어도, 외로워도 슬퍼도 그림만 그렸다는 아고리를 생각하는 남덕 여사. 콩나물시루보다 작은 부엌과 방문을 열고 그대 사진에 길고 긴 합장을 하는 여사의 호흡이 예까지 전해옵니다.

휠체어에 앉아 섶섬을 바라보는 장면이 이어집니다. "남편과 자주 손잡고 오곤 했어요." 이내 눈시울이 붉어지면서 끝없는 바다를 응시합니다. 결혼과 첫 아이의 죽음, 피난통에 찾아든 서귀포의 애환. 어느 여름 남편을 남겨두고 두 아이와 송환선을 타고 건너간 일본행이 영원한 이별이 되어 버렸군요.

담팔수꽃 환한 그날 저는 '이중섭로 29' 마루 끝에 앉아 있었습니다. 누군가 금방 놓고 간 흰 꽃다발이 쓸쓸했습니다. 나비와 참새가 마당을 공유하며 경계를 지워가는 나절. 당신의 작품 〈부부〉가 생각나더군요. 골목을 나와 산책길에서 125년 된 가이즈카 향나무를 만났습니다.

지그재그 길 대신 쭉쭉 뻗은 바닷길엔 카페가 단풍처럼 곱습니다. 〈돌아오지 않는 강〉이 겹쳐지네요. 창가에 턱을 괴며 하염없이 누군가를 기다리는 소년의 자화상은 어디로 흘러가고 있을까요.

소 이야기

나의 아고리! 고백합니다. 저는 예술의 문외한입니다. 이런 백지상태가 외려 틀에 갇히지 않아 자유로운걸요. 당신의 작품에는 유독 소가 많잖아요. 소 다섯 마리를 데려왔습니다. 풋내 나는 평을 내는 일이 여행자, 혹은 방랑자처럼 재미도 있습니다.

콧구멍은 끝없이 올리고 아랫니 두 개를 드러내며 울부짖는 황소는? 긴 꼬리를 솟구쳐 올리고는 앞발로 단단히 고정한 채 뒷다리를 뻗치는 우윳빛 흰소는? 입을 슬쩍 벌려 혓바닥과 윗니 네 개를 내보이며 끝없는 기다림을 눈빛에 담은 두 마리 소는? 고개를 휘저으며 힘껏 치켜뜬 눈빛으로 금방이라도 뛰쳐나갈 소는? 보는 이의 관점은 다 다르겠지만 물음표만 던지고 보니 A가 내린 가난과 수난의 역사를 함축한다는 미술평론. B가 던진 백의민족의 희망과 힘이라는 입장. C가 던진 단순한 대상으로의 객체가 아니라 아고리의 자화상과 주홍색을 두고 전쟁으로 얼룩진 피의 상흔이라고도 말하는 매개체. 그럼에도 나는 D가 됩니다. 모든 작품에 등장하는 소의 턱선에서부터 아랫배를 지나 꼬리까지 이어진 반달 곡선. 그러니 저 부드럽고 순한 소의 곡선이 철과 총을 이겨내는 상징이었을 거라고.

나의 이야기

이쯤에서 소와 그림에 얽힌 이야기를 들고 와도 되겠지요. 어린 시절 저희 집에 새끼를 잘 낳는 순한 암소가 있었습니다. 중학생이었던 오빠는 시간만 나면 소의 등에 타고 버들피리도 불고 골안 골짜기까지 몰고 가 바랭이풀도 먹여가며 동무처럼 지냈지요.

어느 가을이었나. 아버지 병원비에 쪼들리던 부모님이 읍내 우시장에 소를 팔러 가고 때마침 수묵화에 재미를 붙인 저는 횃댓보 안에 걸려 있던 엄마의 옥양목 치마를 잘라 화가 흉내를 내고 있었지요. 소를 팔고 삽작길을 들어서던 엄마가 갑자기 싸리 빗자루를 휘두르며 "가시나가 환쟁이가 될라카나." 난리를 치며 알 수 없는 팔자타령을 하대요. 학교에 다녀온 오빠는 소를 찾아 울며불며 신작로까지 달렸지만 이미 늦었고요. 저녁때가 되어 그렁그렁한 소의 눈으로 돌아온 오빠는 돌아올 봄에 송아지 한 마리를 약속받고서는 밥을 먹었더랬지요.

이쯤에서 '영원성의 순환'에 대해 생각해 봅니다. 아고리와 남덕 여사가 잠시 거주했던 서귀포. 70년 만에 아내가 추억을 찾아 떠나오고 아고리의 작품을 더듬다가 쉰 중반의 여자가 서귀포에 닿았음을.

라오스에 들어온 그 남자

    라오스로 가는 비행기 안에서 이 글을 쓴다. 뜬금없이 식탁 위에 두고 온 석류 다섯 개가 떠올랐다. 어느새 무엉탄 호텔에 도착해서 하룻밤을 유하고 라오스의 북쪽에 있는 방비엥에 머물렀다. 베란다로 나가니 어둠에 휩싸인 아름드리나무 세 그루가 쏭강에 아랫도리를 묻었다. 이따금 흰 벽을 타고 올라가는 어린 도마뱀들이 보이고 나는 원시림 하늘의 별을 헤아린다. 방비엥의 밤이 깊다. 도마뱀들의 울음소리에 깨어나 유장하게 흘러가는 쏭강을 바라본다.

    글은 여기에서 멈추어졌다. 그리고 6년이 흘렀다. 어디에서부터 이어야 하려나. 우선 컵에 얼음을 가득채운 모닝커피를 마련했다. 얼음을 몇 개 입안에 넣었다. 원고를 쓰기전 나만의 버릇인 셈이다. 멎어 있던 여행을 연결하여 재구성한다는 것도 그런대로 꽤 괜찮은 발상법이라는 생각이 들었다. 심지어 가슴이 뛰기 시작했다. 흘러내린 머리를 질끈 묶고 앞치마를 풀어 던졌다. 얼음이 동이 나자 따뜻한 레몬수를 한잔 마련했다.

자연과 그대로 엉켜 사는 사람들이 펼쳐졌다. 자판에 손을 얹는 순간, 어라 전쟁의 속도전이 전달된 듯 카톡이 날아든다.

"저는 전라선, 호남선, 충북선, 중앙선 기차를 타고 5시간 만에 도착한 경북 영주 무섬마을 섶다리에서 맨발 걷기를 하고 고즈넉한 밤을 보냈습니다. 이제 백두대간 협곡열차에서 모닝커피를 마시며 곧 닿게 될 철암을 생각합니다."

아, 라오스로 떠날 연결 철로는 순식간 그가 타고 간 연결선을 따라가고 있었다. 그는 발길 닿는 대로 떠도는 사람이다. 승용차를 팔아 여행을 하고 자전거 한 대를 사서 출퇴근을 한다. 가끔 퇴근길에 자전거를 세워두고 풀밭에 누워 하늘을 찍어 보내온다. 에어컨도 무용지물이 되는 폭염에 자전거 일주를 하는 사람이다. 어제는 집 뒤 산책길을 거닐다가 오늘은 무릎까지 둥둥 걷어 올린 맨발로 시드니 바닷가를 걷고 내일은 아프리카에 있는 사람이다.

얼마의 시간이 지났을까

"논골당길을 걷고 이제 묵호항 스카이밸리에서 스카이 사이클 도전을 마치고 활어가 그리워 혼자 소주 한잔 마시는 중입니다."

소주병과 빈 잔 하나, 풍성한 모둠회 사진이 왔다. 그가 앉은 테이블 뒷로 벽면에는 '당신 이대로도 충분히 괜찮은 사람' 이라는 문구가 붙어 있었다. 나는 빙그레 웃으며 하릴없는 사람마냥 접시에 담긴 어종을 유추하는 동안 그만 라오스를 잊어버렸다.

 '그대도 이대로 충분히 괜찮은 사람'이라고 적어 보낸다. 참 괜찮은 사람이다.

그가 나를 또 불러들였다

김영갑갤러리 두모악을 다녀와서

 혼자 비행기를 탔다. 이미 열여섯 해 전 봄날에 죽고 없는 그가 나를 불러들였다. 강력한 끌림이었다고 말해두자.

 오지게 외진 곳이다. 정원의 굽은 나무들과 토우 작품들을 지나 그의 마지막 작업실 앞에 섰다. 사실 두어 달 전 봄날 나는 여기 있었다. 흔히 말하는 멍을 때리다 엎어졌다. 결국, 달포 동안 깁스한 발목으로 발목 잡히고 말았지만. 그리고 지금 예의 그 자리에 다시 찾아왔으니. 모든 것이 그대로인 듯하나 카메라를 걸쳐 맨 돌하르방의 얼굴이 깊어지고 잎사귀들이 색깔을 바꾼 정도랄까.

 둥긋한 비탈에 외롭지 않을 거리만큼 서 있는, 초록의 강풀이 한 방향으로 고개를 돌리고 검은 관목 두 그루가 섰다. 널브러진 도라지꽃을 애처롭게 내려다보는 고사목. 용과보다 붉고 하몽보다 노란 하늘이 처연한 작품을 마주한다.

 〈눈, 비, 안개 그리고 바람 환상곡〉 앞에 섰다. 그는 심술궂은 바람을 좋아한다고 했다. 물론 제주에 몰아쳤던 역사의 바람을 함의하고 있을 게다. 억새는 헝클어졌다. 고등미술 교과서에 수록되었다는 보리밭 사진. 불그스름한 보릿대 위로 유순한 바람이 더께로 와서 누웠다. 아름다운 고립이다. 황폐도 적막도 외려 생명의 희원으로 채우고자 했던 것은 아니었을까. 결국, 미묘한 빛은 바람을 빚고 미세한 바람은 그에게 삽시간의 황홀을 안겼을 것이다. 일순 막힘없이 건너오는 사진의 전달력 앞에 겸허해진다. 어떤 대상 앞에서 무력감은 가뭇없이 자신을 낮추게 된다. 얼마 전 나도 그 힘을 경험한 바가 있었다.

올 사월 오랫동안 혼자 사시던 시아버님이 돌아가셨다. 연중 여덟 번 모셨던 제사 문제가 불거졌다. 절에 올리자는 의견도 있었지만, 남편은 은근히 내가 모시기를 바라는 눈치였다. 불편한 심기를 드러내진 않았지만 달갑진 않았다. 집도 좁고 물려받은 재산도 없는, 더군다나 둘째인 우리가 왜 맡아야 하나. 만감이 교차했다. 그러던 중 아버님의 유품을 정리하다 시할아버지와 시할머니의 흑백사진을 발견했다. 곰팡이가 허옇게 핀 액자 테두리는 바스러졌다. 곡선을 그리듯 처진 눈매와 쭉 뻗은 왼쪽 귀가 유난히 닮은 두 분의 모습을 보고 있자니 공연히 죄인인 양 고개를 들 수가 없었다.

아버님 살아생전 자주 들려주시던 당신 아버지 이야기. 남편이 틈틈이 말하던 할아버지 이야기. 보릿고개에 배곯는 이 없도록 곳간을 열고 찾아오는 방물장수, 체장수 뜨신 밥 먹여 하룻밤 유하여 보냈다는 분, 미리 다가올 당신의 죽음을 예언하고 손수 옻칠한 오동 나무관을 준비하셨다는. 두 분의 역사가 시간의 기록을 만들어 나를 끌어안는다.

좁은 집이면 어떤가. 절하고 잔 올릴 공간 없겠는가. 경외스러운 진설 드리고 음복 나누는 제사의 맛을 어디에서 찾으랴. 날이 밝자 백 년은 거뜬할 액자 두 개를 준비했다. 그리곤 손목이 시큰하도록 놋그릇을 닦았다. 살아생전 뵙지 못한 두 분이 '고맙다 고맙다 우리 둘째 손부.' 먹먹한 밤. 뼛속까지 바람 들 듯 가벼운, 그런 날이었다.

한 장의 사진. 흔히 말하는 즉각적이고 즉물적일까. 생각이 많아졌다. 산 사람의 이미지를 고정된 프레임에 담아 가두는 것이지만 그것은 역설적이게도 천천히 재생되고 있더라는 것이다.

그가 많이 사랑했다던 오름 앞이다. 솟아오른 오름 뒤로 물결치듯 낮은 능선들 군더더기 없다. 하필 군더더기 없는 이 미끈한 사진 앞에서 난 왜 과묵해졌을까. 오름이야말로 제주 현대사가 아니던가. 극명하게 응축해 놓은 상징이지. 사실 선들의 관능을 볼 때마다 가로누운 여인의 심상이 떠올랐다. 봉긋봉긋한 젖가슴에 눈이 허옇다. 장골극점이 움푹 들어간 여인의 엉덩이는 살이 올랐다. 언제든 해석은 열려 있으니.

감성의 표현에는 공식이 존재하지 않는다는 말이 있다. 제주 4·3사건을 읽다가 한동안 정신적 혼란을 겪었다. 토벌대를 피해 만삭의 몸을 끌고 도망치다 오름에서 아이를 낳았지만 죽어버리고 혼자 돌아왔다던 여인. 오름 너머 한 뙈기의 밀밭 이미지보다 짓밟히고 굶어 죽어 가면서 밀기울범벅을 해 먹었던 그네들의 척박한 역사. 절박했던 여인들을 결부시켰을까. 작품마다 생명성의 공간이 봉분을 이룬다.

잠시 고된 마음을 다독이며 작가의 자화상에 눈을 맞춘다. 매사에 고군분투했다지만 눈빛은 어쩌면 이리도 숭엄한지. 개똥 민들레 돋아난 능선을 걷거나 인화지 정리를 하거나 수를 놓는 사진. 댕기 머리 질끈 동여맨 모습은 젊었고 부드럽다. 여하튼 자연이라는 말 안에 꿈틀거리는 것들을 죄다 필름에 심었던 사람. 그가 떠나고서야 외로운 사람들이 외롭지 않을 시차를 두고 찾아 든다.

'보는 사람을 위한 사진이어야 된다. 상호 시선과 시간에 묶이면 비참해진다.'라던 작가의 말을 되뇌니 마주한 사진들의 색온도가 따뜻하다. 나가야 하는데……. 쉬이 발걸음이 떨어지지 않는다. 방명록에 당신이라는 사람 참 그립다 적어놓고 갤러리 밖으로 나왔다. 작가의 뼛가루 한 줌 뿌려진 감나무 곁을 수국이 휘감았다. 온몸의 근육을 소멸시키고 마지막 호흡기의 근육마저 소진하고서야 비로소 죽음에 이른다는 병. 고통을 감내하며 일궜을 정원. 신은 모든 것을 나답게 그답게 자기답게 창조했다는 말이 있다. 그의 사진들이 그러했고 지금 보고 있는 정원의 모든 것들이 반증이라도 하듯 작가를 닮았다.

어디에도 닿지 못하고 바람처럼 떠돌다 제주에서 바람에 잡혔다는 뭍의 사내, 하나같이 낮고 서럽고 외진 것들을 피딱지처럼 끌어안았던 고집불통의 작가. 가만히 생각해보면 아리고 가만히 생각하면 무 속처럼 맑은 사람이 아닐까 싶다.

공항으로 돌아간다. 종려나무가 그림자를 흔드는 오후. 적당히 달군 버스는 중산간을 지나 오름들을 지난다. 산담에 둘러싸인 무덤들 지천이다. 차창에 기대 눈을 감았다. 작가 곁의 사람들. 곰팡이 슨 필름을 닦다 보면 동네 어른들 불쑥불쑥 찾아와 혀를 차며 했다는 말이 옅은 잠속에 파고든다.

스칸디나비아반도에 머무는 중입니다

 헬싱키에 도착했어요. 곧장 연결편으로 코펜하겐에 와서 가벼운 저녁을 먹고 침대에 누웠습니다. 평화롭지만 팽팽한, 생경한 곳에서의 첫 밤이 주는 아득함은 꽤 괜찮군요. 금발에 청색빛의 눈동자와 새하얀 피부에서 이제야 내가 참 멀리 떠나왔음을 실감합니다.

 저는 지금 35년 전 방어진 바다에서 겨우 두어 시간을 처음이자 마지막으로 봤던 한 사람에게 이 편지를 씁니다. 암튼, 눈 좀 붙일게요. 내일부턴 자주 온통 발음하기 어려운 여행지 이름들이 나올지도 모르겠어요.

 새파란 아침입니다. 레고 같은 도시들을 헤집고 다녔어요. 안데르센이 방세 때문에 세 번이나 이사하면서도 게처럼 납작 엎드려 글만 썼다는 쾨벤하운, 덴마크 왕실의 겨울 궁전으로 사용하고 있는 아말리엔보르 궁전, 세 개의 호수 위에 우뚝 선 프레데릭스보르 성, 뉘하운 운하 투어. 그나마 안데르센이라는 이름이 주는 익숙함에 웃게 되는군요. 오늘 점심은 채소 뷔

페인가 봐요. 딱히 내키지는 않지만, 식당으로 가는 골목길엔 사프란꽃이 흐드러지고 구레나룻 무성한 중년 아저씨의 버스킹에 몸이 들썩여집니다. 예술이 삶 속으로 녹아 있다는 게 이런 게 아닐까요.

가슴 한켠에 외로 틀고 앉아 있던 궁금증이 무단히 생각났습니다.

'이 물고기 한 백 년쯤만 잘 키워주실래요?'라며 빨간 물고기 네 마리가 담긴 플라스틱 통을 주셨잖아요. 바닷고기였는지 민물고기였는지. 하긴 이 질문을 보낼 곳도 답을 받을 곳도 없는 모순을 인정합니다. 왜 이제 와서야 묻게 되는지.

이제 나는 스칸디나비아의 도시와 도시를 운항하는 크루즈(dfds seaways)를 타고 노르웨이 오슬로로 가고 있고요. 기억하실까요. 제가 뜬금없이 겨울 바다는 여자의 전유물 아닌가요 라고 물었는데. 돌아온 대답이 나를 오래 헛돌게 하고 있음을. 병원에서 외출을 얻었노라고. 그러니 마지막으로 보는 바다는 아니었으면 한다고. 여태 나와는 상관없었던 서른 살의 한 사람이 잠시 인과 연으로 만나져 나를 곤경에 빠트리고 있던 현실. 그 너머 일렁이는 바람을 보셨나요? 모든 말은 산화되고 불쑥 읊조려 주던 '궁하면 통하고 통하면 길이 보인다.'라는 말. 근데 길이 안 보여요.

하선을 기다리는 여행자의 짐들. 사람과 짐 사이 행간을 읽습니다. 드디어 신들의 땅이라는 오슬로에 닿았습니다. 다시 릴레함메르 동계올림픽이 개최되었던 도시 가까운 오타로 이동 중입니다. 길게 이어지는 피오르 마을은 아찔하게 아름다워요. 초원 위의 그림 같은 집, 중요한 것은 아네모네꽃 자락에 퍼질러 앉은 염소와 양떼마저 여행자 같다는 겁니다. 가까운 숙소에 짐을 풀고 산책 중이에요. 눈이 산더미인데 기온은 영상 20도. 우체통 즐비한 마을과 자작나무숲 오두막 불빛들이 따스합니다. 잿빛 하늘은 눈을 퍼붓고 나는 한갓진 숲길을 걷습니다. 참 피오르(fjord)를 알고 계시나요? 실은 나도 이곳에 오기 전 여행 에세이를 읽으면서 알았으니. 피오르는 100만 년 전 빙하가 깎은 협곡에 바닷물이 들어와 생성된 호수랍디다요.

지금은 빙하가 녹는 계절. 수직으로 내리꽂힌 얼음 절벽과 수천 미터의 산으로 둘러싸인 송네피오르에 페리를 타고 절벽 사이를 누비느라 숨이 막히데요. 요스테달 뵈이야 빙하를 보면서 저는 그저 한낱 미세먼지처럼 느껴지더라고요. 이 얼음 한 조각이 녹는 속도는 억겁처럼 느린데 내가 마주하는 시간은 왜 이리 눈 녹듯 사라지고 없을까요. 그 사이 오월에 접어들었습니다.

이제 플롬역과 뮈르달 구간으로 가는 산악 관광열차를 탔습니다. 깎아지른 절벽이 협곡을 빚고 거대한 호수는 물안개를 자꾸 피워 올립니다. 폭포 아래에는 갈라진 시냇물과 동화 속 같은 마을이 연신 사라지고 나타나기를 반복합니다. 힘에 부쳐 숨을 몰아쉬며 오르는 고단한 기차를 보니 머리를 쓸어 넘기며 말간 얼굴로 고통스러워하던 얼굴이 떠올라 씁쓸해지 곤 해요.

오슬로 대서양 연안의 항만도시 베르겐으로 가는 중입니 다. 사실 참 기대했던 곳이기도 하고요. 〈솔베이지의 노래〉를 만든 작곡가 E. H. 그리그, 저의 첫 책을 출판하려고 원고작업 에 매달릴 때 수십 번 들었던 〈Summer Snow〉를 부른 시셀의 고향이라서요. 주먹만 한 홍합에 소주를 마시고선 중세가옥으 로 넘치는 브뤼겐 거리를 걷는데 오래 잠들고 싶더라니까요. 아무래도 그 이야기를 해야겠어요. 그때 주신 물고기는 채 일 주일을 살지 못하고 어항에서 둥둥 떠올라 버렸다는. 사실 두 어 달 뒤 혹시나 만나질까 하고 다시 그 방어진 바다에 갔었는 데. 무언가를 잃어버린 느낌. 그렇다는 겁니다.

일정에 없었던 하르당에르비다 국립공원을 통과하고 있어 요. 황량한 평원, 체리나무와 사과나무를 품은 구릉들. 목가 적인 정경을 뒤로하고 고갯마루를 넘어서면 구름진 하늘은 눈보라를 몰아치게 만들고요. 드디어 말로만 듣던 툰드라입 니다. 키 작은 나무와 이끼와 지의류들이 산을 덮었습니다. 만년설은 세월을 아우르며 성벽을 쌓고 또 다른 세계를 구축

했습니다. 이건 순전히 위대한 반란입니다. 늘 그러하나 오늘은 유독 사는 일이 거룩하다는 거지요. 거짓말처럼 갇히고 싶었습니다.

  다시 오슬로. 카를 요한슨 거리의 작은 공원 벤치에 앉았어요. 지나가는 사람들을 구경하는 것도 재미중의 재미더라고요. 표정과 옷차림과 하물며 숨은 생각까지 읽곤 합니다. 좀 싱겁긴 해요. 이제 슬슬 일어났습니다. 좁은 철제 계단이 있는 상점에서 오렌지빛 머플러를 샀습니다. 지친 몸을 일으켜 조각가 구스타브 비겔란(Gustav Vigeland) 공원으로 갔습니다. 유독 〈모놀리트〉라는 작품에 눈길이 머뭅니다. 실물 크기로 만든 121명의 남녀가 엉켜 괴로움으로 몸부림치는 모습. 이러한 모든 것이 희로애락 그 자체가 아닐까요.

  나는 지금 매우 놀라운 경험을 하는 중이에요. 노르웨이에서 스웨덴으로 국경을 넘었습니다. 한 발짝의 위대함. 어떠한 검문도 없이 국경을 넘다니 이건 나를 혼란으로 몰아가는 게 맞을 겁니다. 순간 복받치는 감정은 무얼까요 아무튼 그랬습니다. 울컥, 〈공동경비구역〉이 생각나서요. 암튼 흔적을 남기고 다시 12세기 건축물로 가득한 구시가지 감라스탄에 왔고요. 때마침 울리는 600년 전통의 웅장한 종소리를 들으며 동시에 당신의 안부를 묻습니다.

  이제 스톡홀름에서 헬싱키로 가는 중이어요. 발트해를 횡단하여 투르크 항구로 가는 '갤럭시 실자라인' 세 평 정도의 시사이드 방에 짐을 풀었습니다. 둥근 창으로 바다를 건너오는 물결을 마주합니다. 이 방의 비밀번호는 78871774입니다. 의미 없이 부여받은 숫자겠죠? 룸메이트는 지금 무슨 생각을 할까요. 붉은 지붕과 하얀 테를 두른 창문을 가진 집을 떠올릴까요. 근위병처럼 흐트러짐 없었던 바로크식 정원을 보면서 왕궁과 군주들의 권위를 되짚어 보고 있을까요. 기대하며 찾아간 뭉크미술관의 휴관을 보면서 언제 이 땅을 다시 올 날을 꼽고 있을까요. 한밤중 눈을 떴지만 아무 일도 없이 배는 갈치의 몸처럼 유연하게 나갑니다.

핀란드 헬싱키. 차분한걸요. 사실, 시벨리우스 공원에 도착해서는 녹초가 되고 말았지요. 예술보단 잔디밭에 드러누운 아이와 개와 노부부와 책을 읽는 연인들에 자꾸 눈길이 가는 것을. 결국, 나도 잠시 드러누워 그네들이 건네는 방긋한 웃음과 아름드리나무의 그늘이 주는 호사를 누렸습니다만. 시내 도심에서 마주친 돌무지무덤 같은 교회를 방문했을 때도 피곤을 달고 다녔습니다. 그렇지만 돔 천장으로 디미는 볕뉘가, 기도하는 어느 노파 위로 퍼지는데 가슴이 턱 막히더이다. 놓치고 싶지 않은 흔적이라 모처럼 사진으로 남겼어요.

원로원 광장에서 커피 한잔을 마시고 마켓 광장에서 붉고 노란 뾰족지붕으로 만들어진 레고 집 세 채를 샀습니다. 잰걸음으로 오르막을 올라 우스펜스키 성당에 들렀습니다. 쿠폴라 지붕과 금으로 덮인 첨탑과 붉은색 벽돌이 러시아에 지배받던 핀란드의 역사를 말해준다길래 호기심이 일더군요. 천연물감으로 그려진 그리스도와 십이사도의 벽화가 있는 내부에 들어서자 숨소리조차 조심스럽네요. 때마침 젊은 부부가 아기를 안고 세례식을 치르더군요. 고요하게 흐르던 선율과 아기의 눈동자와 부부의 평온함에 나는 그만 눈물을 흘리고 말았습니다. 사는 일 참 어여쁘죠?

이번 여행의 마지막 식사 중입니다. 나뭇가지가 자주 창에 와서 부딪칩니다. 녹색의 트램과 자동차들 위에도 걷잡을 수 없는 폭설이 내리기 시작했습니다. 마지막까지 괴어 있던 한마디.

"여여하시죠?"

전생애를 통하여 그대를 고작해야 두 시간여 만났지만, 그날의 자취는 나의 뇌에 벌침 쏘듯 박혔습니다. 뽑지도 못했을뿐더러 뽑히지도 않습니다.

여전히 방어진 항구의 눈 오던 그날은 처연하고도 날카롭게 와서 머무는데.

나는 이제 헬싱키를 떠납니다.

너는 광활리에서 나는 구만리에서

 아들은 어저께 집을 떠났다. 며칠 전부터 뜬금없이 지평선이 궁금하다나 뭐라나. 전주에 있는 게스트하우스에서 하룻저녁을 유하고 김제평야로 갈 거라고 했다. 오늘 아침 광활면 지평선로라는 지명이 적힌 이정표 사진을 보내왔다.

 뜬금없기는 나도 마찬가지인가. 불쑥 친구에게 전화를 걸었다. 갑자기 수평선을 보러 가자는 나의 말에 그는 이유도 묻지 않았다. 싱크대에 설거짓거리가 수북했지만 나와는 상관없다는 듯 옷가지를 챙겨 입고는 달아 빼듯 현관문을 나섰다. 사실은 아들이 엊그제부터 지평선 이야기를 들먹일 때 약간의 호기심이 인 것은 사실이다.

 영일만을 에둘러 석병에 들자 봄비가 든다. 구만리 청보리밭은 아직 청년이다. 들바람이나 들까 한 좁은 길을 따라 내려가자 사각기둥과 노란 지붕만 얹어 놓은 이층주택이 정적에 휩싸였다. 묵묵해졌다. 차를 돌려 갯바위가 섬처럼 이어진 길을 따라 달린다.

생소한 마을들을 지나 바다가 내려다보이는 언덕에 섰다. 짙푸른 파도의 골이 깊다. 얕은 모래펄에 섬섬한 물새들이 우르르 내려앉는다. 어미 새가 가다 멎기를 반복하는 동안 어린 새들이 소품 같은 유화를 찍으며 맹랑하게 따라간다. 말이 없던 친구가 "저 새는 자식을 많이도 뒀네."라며 웃었다. 먼 곳으로 향했던 눈길을 거두어들이자 비로소 눈앞에 뒤엉킨 철조망이 들어온다. 밋밋한 봉분을 잔뜩 뒤덮은 민들레와 으스러진 '통제구역' 푯말이 고립무원이다. 운무에 갇힌 수평선이 뿌옇다.

몸이 축축하다. 아들은 지평선을 만났을까. 하늘과 땅이 맞닿은 지점을 바라보며 어떤 생각을 하고 있을까. 아니나 다를까. 평야에서 만난 지평선 사진을 보내왔다. 사진이 저녁밥을 짓는 엄마의 표정같이 수더분하다. 그곳은 비가 내리지 않았다. 한풀 꺾인 해를 걸쳐 놓고 수만 평의 보리 이랑이 파도치듯 누웠다. 전선주가 나란히 세워진 마을을 배경으로 희미하게 교회 종탑과 먼 산이 푸르다. 땅 위의 요철이나 경사 때문에 지평선을 만나는 일이 그리 쉬운 게 아니라고 들었건만. 생각해 보면 지평선도 수평선도 서로가 이를 드러내며 경계를 긋는 선이 아니다. 하늘이 땅과 바다를 품어야만 가능한 일이잖은가.

나와 아들은 어느 한때 서로에게 스며들지 못했다. 아이는 강요하지 않았음에도 욕심이 컸다. 굳은살이 박여도 너무 크게 박혔다고 해야 할까. 시험 기간이 다가오면 머리를 홀딱 밀고 자세를 가다듬었다. 그럼에도 성적이 제대로 나오지 않을 때는 방황이 길었다. 때로는 혼자서 해운대로 가는 기차를 타거나 세계패션축제장으로 사라지기도 했다. 그런 아들이 섬뜩하리만치 무서웠다. 말없이 학교로 가버리는 뒷모습을 바라보며 혼자 얼마나 울었던가.

이렇듯 아들과 내가 추구하는 방식은 뒤엉켜만 갔으니. 나는 그저 까탈스럽지 않게, 두루뭉술하게 살아가기를 바랐다. 자신을 닦달하지 말라며 목소리를 높였다. 시간이 갈수록 열어젖혀야 할 아가미를 꽉 닫고 헤엄치는 물고기였다. 우지끈했으며 가늠이 되지 않았다. 적어도 내 눈에는 자체를 옭아매는 올가미처럼 보였다. 제 뜻대로 되지 않으면 집에 오는 시간이 더뎠다. 이 사회에 도태되면 어쩌나 하는 불안감은 해맑아야 할 얼굴에 그림자를 만들었다. 그런 밤이면 남편과 나의 가슴에시는 늘 병 하나 깨지는 소리가 들리곤 했다.

아들은 그 당시 모든 게 시고 떫었을까. 군대를 제대하고 돌아와서는 한 달가량 배낭을 짊어지고 유럽 여행을 다녔다. 품이 폼나게 큰 녀석이었다.

우리는 죽을 때까지 성장한다는 말이 있다. 미성숙한 엄마를 뒀으니 대들지도 못하고 오죽 속이 탔을까. 이제와서 말이지만, 나는 녀석의 꿈을 가망 없는 일이라고 치부시하고 무시하기 일쑤였다. 잔인하게 표나지 않게 밟아갔다. 그렇다면 정말이지 아이가 대충대충 이 사회에 섞여 살아도 괜찮았을까. 난 참 무책임했다. 누구의 조련사도 되지 못했다. 그렇다고 나붓나붓하게 마음을 읽어주는 자애로운 엄마가 되지도 못했다. 살아내 가는 방향은 달랐지만 추구하는 길은 같음을 이제야 알았으니 이제 와서 말한들 뭣하랴.

녀석은 지평선에서 무얼 만나고 돌아올까. 광활한 꿈을 안고 드넓은 세계로 뻗어갈 길을 개척하고 오는지도 모른다. 그러하다. 아이는 힘들 때마다 여행하면서 어른이 되어가는 관문을 통과해 왔다. 이제 두어 달 후면 뉴욕에서의 생활이 시작된다. 꿈꿔 오던 일이었지만 만사가 순조롭지만은 않음을 안다. 하늘과 땅의 껴안음을 보려고 광활리로 떠난 아들, 하늘과 바다의 껴안음을 보기 위해 구만리로 떠나 온 나는 결국 나란히 뻗은 길을 따라 서로에게 스며들다 보니 그곳이 소실점이었고 종착지였다.

더러는 독 오른 감자 같으면 어떤가. 멀찍이서 지켜보는 수밖에 없다. 되도록 많은 것들을 품어보라고 되뇐다. 지금쯤 아들은 지평선을 두고 집으로 돌아오는 버스에 몸을 실었을 것이다. 나도 슬슬 일어나 짐을 챙겼다. 파도 더미 너머 망망한 수평선을 두고 집으로 돌아간다.

석남사에 가서

 어쩌다 여기까지 왔을까. 지금쯤 삶아 놓은 고사리 물을 우려내고 도라지를 다듬어야 할 시간이 아닌가. 이틀 후에 모실 제사 준비를 하고 있을 때였다.
 "우리 석남사 나무 만나러 가자."
 어딘가로 내달릴 때는 무엇이든 합당한 이유가 된다. 솔직하게 말하면 합당하기보다는 쾌활하고도 폭넓은 이유를 금방 붙인다. 일의 순서를 바꿀 수도 있지. 사람이 하는 일이니까. 온갖 구실로 나를 위한 합리화를 그럴듯하게 만든다.
 석남사는 첫걸음이다. 몸에 밴 듯 익숙한 발길도 좋겠지만 '첫'에는 순응이나 안주를 무너뜨리는 도전이 따라오기 마련이다. 팔월 더위는 들끓고 나뭇잎은 살이 올랐다. 과히 나무들은 충분히 나를 매혹했다. 적어도 나무에 대한 경의를 표현코자 걸음 멈추기를 몇 번. 지나가는 모든 것들의 꽁무니가 아른거린다. '제발 나의 이름을 좀 불러주고 가시게.' 애원하듯 이름표를 달고 서 있는 나무들.

나는 몸집 좋은 사내를 닮은 서어나무 군락지에서 투명해졌다. 노각나무는 뒤태마저 눈이 부시다. 한 채의 집을 짓고도 남을 소나무들은 몸에 상처 한 덩이를 안았다. 일제강점기에 항공기 연료에 쓰일 송진을 채취하고 난 흔적들. 그들의 상흔을 보듬어주려는지 다문다문 쪽동백이 지킨다. 문득 한 계절을 일찍 다녀왔더라면 좋을 성싶었다. 병아리 같은 쪽동백꽃 지천이었을 테니.

일주문까지는 꽤 길다. 달팽이의 느린 걸음, 구름이 만드는 생김새. 해석되지 않는 새들의 언어, 숨죽여 낮게 건너오는 햇살, 무질서와 질서가 적당하게 섞여 뒤집고 뒤집히는 이파리들, 한 박자 가벼워지는 걸음에서 일순 깻묵단 소리가 났다.

일주문을 지나자 두 갈래 길이 나온다. 언제나 갈림길은 나를 갈등에 사로잡히게 한다. 갈등이라야 짧게 끝나겠지만. 때마침 승계를 받은 지 얼마 되지 않아 보이는 앳된 여승이 보였다. 뒤를 따라가면 흘린 부처님의 말씀이라도 주워들을 수 있겠다 싶었으니. 반야교를 지나 절 마당에 들어서자 그늘 한점 없다. 여승은 가던 길을 가고 나는 딱히 갈 곳이 없어 가다 보니 강선당이었다. 그럴 때마다 물질로 이루어진 물체 덩어리가 탄성을 받아 움직이고 있단 느낌을 받는다. 목적을 잃어버린 허상뿐인 여자가 처마 끝 그늘아래 발을 디민다. 낙숫물 떨어지는 빗물받이통이 연꽃 형상이다. 평생 빗물 떨어지는 소리에 불경인 양 피고 지며 몸을 보시했을 빗물받이통.

나는 오늘도 잿밥과 콩고물에 물들다 만다. 삼층석탑에 탑돌이는커녕 대웅전 본당에조차 가지 않았다. 어슬렁거리다 보니 오후 2시다. 불현듯 식탁에 내팽개친 도라지 생각이 났다. 돌아가는 길이 아쉬워 절 앞을 휘도는 능동천 계곡에 들렀다. 국수나무의 철 늦은 꽃잎이 계곡물을 따라 흘러간다. 대웅전 뒤에서 보았던 엄나무로 만들었다는 구유가 떠올랐다. 500년 세월에 실핏줄 터지듯 속살을 보여주었던 구유. 말갛게 씻긴 공양 쌀을 생각하다 내친김에 너럭바위에 누웠다. 물봉숭아와 흰 고마리가 흔들리고 푸르스름한 가지산 능선이 나를 내려다본다. 지금 나는 산 아래 있고 기억은 산 위에 있다. 오래된 어제를 털썩 부려놓자 옛날이 들고 일어섰다.

35여 년 전은 되었을 것이다. 산을 오르고자 하는 청춘들이 모였다. 하는 일도 나이도 고향도 제각각이었다. 휴일이면 봄여름가을겨울 구애받지 않고 산을 탔다. 제주도가 고향이던 선희 언니의 사투리 노래 실력은 좀 멋졌던가. 이목구비 뚜렷했던 영경 선배에게 치한퇴치법을 배우며 얼마나 웃었던가. 자고 일어나면 도둑고양이가 부엌을 차지하고서는 나갈 생각을 하지 않는다며 조만간 집 내줘야 할 판국이라며 열을 올렸던 신입 회원. 그의 입담에 혀를 내둘렀다. 비박을 하고 난 아침 간월재로 가는 고갯마루에서 쏟아지던 눈발도 장애가 되지 않았으니.

태백산맥의 남단을 이루는 신불산과 간월산이 이어지는 중턱 홍류 폭포 앞에서 어느 봄날 만났던 무지개. 약속이라도 한 듯 좋은 사람 만나게 해달라며 물속으로 뛰어들었다. 가다 지치면 드러누웠다. 하늘을 올려다보며 속마음을 국숫발 풀어놓듯 풀어냈다. 신불평원에서 만났던 억새. 영축산 진달래 능선. 우린 꽃길만 걸을 거라며 탄탄대로를 꿈꾸지 않았던가. 산중에서 길을 잃어도 누구도 불평하지 않았다. 날이 저물면 돌아갈 집이 있어 좋았다. 비가 내리면 능선에 번지던 운무에 넋을 놓았다.

퍼질러 앉아 덜덜 떨며 이빨 부딪쳐 가며 밥을 먹었다. 그런 날이면 얼굴이 유난히 희었던 선배는 나에게 꼭 연탄 숯불구이에 우동 한 그릇을 사 먹이고선 보냈다. 때로는 산이 힘들다며 빠져나간 이도 있고 이별에 아파하며 산을 선택한 이도 있었다. 몇 년이 흐른 후 더러는 네팔로 떠난 이도 있었다. 아무튼 우리는 단단하게 뭉쳐 다녔고, 나는 겁도 없이 덤비고 겁도 없이 따라붙었다.

이제 그들은 곁에 없다. 시간이 잊게 만들었고 시간이 잊음을 깨웠다. 사는 일이 고단하여 가슴에 적벽돌 한 장씩 쌓고 살아온 줄 알았는데 그것도 아니었던 모양이다. 너무 오래 그렸던가. 불쑥 떠올랐던가. 들끓는 여름 석남사 산문 밖에서 들떴던 한 시절을 생각하니 짜지도 싱겁지도 않은 밥 한 끼 먹고 싶어진다. 내가 참 오지게 외롭구나 싶기도 하고.

덤

여름 일요일 저녁이었다.

한 며칠 드난살이 떠나는 계집아이가 보따리 싸듯 짐을 챙겼다. 낯선 곳에선 어둠도 낯설게 느껴지는 걸까. 놋쇳물 같은 불빛들이 흐르는 창밖을 한참 본다. 풋잠이 들었다.

날이 밝자 매미 울음이 호텔을 무너뜨릴 기세다. 이 땅의 여름도 어지간하다. 연꽃으로 흐드러진 길을 달릴 때만 해도 천국인가 싶더니 웬걸. 아침부터 뛰고 달리고 줄서느라 지쳤다. 관광지가 아닌 선계 세상이라니 위안을 삼는다. 신선이 산다는 세상으로 가는 것도 만만찮다. 맥이 풀린다. 풀린 맥을 다시 거두어들인 곳은 귀곡잔도와 유리잔도를 만난 후였다. 벼랑 끝에 선반을 매달아 둔 길이 잔도다. 귀신도 곡소리를 하며 지나간다는 길. 내려다보니 오금이 저린다. 아찔하다. 깎아지른 절벽에 정신마저 혼미해질 때쯤 가이드가 턱 하니 질문 하나를 던졌다.

"이 잔도를 건설하기 위해 죽은 사람은 몇 명쯤일까요?"

느닷없이 죽음이라니. 조심스레 예상 숫자들을 나열하자 침묵을 지키던 그녀가 모자를 고쳐 쓰며 한마디 뱉는다.

"정답은 아무도 모릅니다."라며 떠도는 뒤로 전해지는 썰인지 팩트인지 부연 설명을 했다. 사형 선고를 받은 죄수들이 7여 년의 공사 기간을 거쳐 만들었다고 한다. 이미 사형 선고를 받은 사람들이다 보니 죽었다 한들 서류상으로는 처음부터 없었던 사람들이라고. 다만 공사가 완성된 그 날까지 살아남은 사람은 무기징역으로 감형되어 평생 감옥에서 잔심부름하며 지낸다나.

사칙연산이 얽혀버렸다. 이미 죽은 자에서 살아 남았으니 덤으로 얻은 부활인가. 맥박 팔딱이는 생명을 생사의 경계에 썼으니 빼기 인생인가. 그렇다고 나누어지지도, 곱해지지도 않는다. 어찌 목숨에 정답이 있을까. 파리 죽음이나 논두렁 죽음 같은 객사보다 허하다. 죽어서도 죽지 않았다. 아무도 모른다. 얼마나 의지가지 할 곳 없는 죽음이런가. 여전히 '이미 죽은 사람'이라는 말의 물음표는 떠나질 않는데 산 자들의 웃음이 왁자지껄한 느낌표로 한바탕 지나간다.

복잡한 이내 심사인가. 신선이 산다는 별유선경에 들었지만 묵직하다. 만첩청산의 수렁에 깔린 구름이 백골로 만져진다. 천 길 낭떠러지에서 풍장으로 사라졌을 몸. 산짐승들에게 보시라도 했으니 살아생전 죗값이 가벼워졌을까. 높아서 너무 높아서 새들조차 날아오르지 못한다더니 잿빛 날개를 퍼덕이며 새 한 마리가 힘겹게 날아왔다.

어느새 천하 비경과 날 선 봉우리가 비수로 꽂혔다. 염천에 사막을 건너는 기분으로 잔도의 끝자락에 오니 소원을 적은 붉은 천 조각들이 너풀거린다. 그들의 상처에 칠해지는 머큐롬보다 붉었다. 선계를 내려다보다가 잠시 지나온 길을 뒤돌아본다.

불현듯 머릿속을 흔드는 한마디가 떠올랐다.

"너거 살붙이 목숨은 사잣밥으로 가다가 살아났으니 덤인 줄 알거라."

내가 어릴 때는 돌림병에 걸려서 죽는 경우가 많았다. 어른들은 귀신의 장난이거나 신이 내린 형벌로 생각했다. 어떻게든 군림하는 그들을 쫓아내려고 애를 썼다. 구릉이며 골짜기 바위 앞에 촛불을 밝혔다. 그들이 지켜줄 거라는 염원은 촛농처럼 단단하게 굳는다. 간절한 기도로도 어쩌지 못할 때 어른들은 죽은 아이를 지게에 지고 산비알을 오르곤 했었다.

내 나이 예닐곱은 넘었을까. 네 살 터울의 남동생과 쌍둥이 여동생과 함께 홍역에 걸렸다. 목덜미까지 번진 열꽃은 가족들을 애태웠다. 고열과 호흡 곤란에 맥박마저 떨어져 위독한 상태가 되자 할머니는 '지앙맞이'를 서둘렀다. 태어난 지 얼마 지나지 않은 여동생을 아랫목에 눕혀놓고 할머니를 따라 길을 나섰다. 인월댁 집 모퉁이를 돌아 산길을 오르니 마을이 한눈에 들어온다. 영문도 모르고 굽은 소나무 옆에 기대어 있는 남동생은 이미 가랑가랑 넘어간다. 작은 굿판이 벌어졌다. 새끼줄을 꼬아 흰 종이를 끼운 금줄이 소나무에 감기고 바닥에는 붉은 흙이 콩고물처럼 뿌려졌다. 박바가지를 띄운 항아리에 물이 찰랑이고 시루떡엔 김이 피어오른다.

"비나이다 비나이다. 이 어린 조무래기들 황천길 열리거든 닫아 주시옵고 그저그저 지 명대로 다 살고 밥숟가락 가지런히 놓고 땅보탬이나 하시게 하시소."

신은 살아있음인지, 식구들의 간절한 염원 덕분이었는지 용케도 모두 살아남았다. 걸핏하면 할머니가 자주 내뱉던 말처럼 우리 남매들의 목숨은 덧거리일까.

생각해보니 본질을 벗어난 곳에 외톨이로 떠돌다 돌아오면 그것이 덤이다. 만산홍엽을 보러 떠났건만 맑은 하늘까지 보여주면 그것이 덤이다. 쌀 한 됫박 받으러 갔다가 콩 한 줌 더 집어주면 그것이 덤이다. 그러니 살아가는 일이 웃돈 같은 거라고 하질 않던가.

곱빼기는 바라지 않는다. 다만 덤터기 없는 세상을 꿈꾸며 천문산을 내려온다. 천문에 걸린 운무가 산을 에워쌌다. 내가 탄 버스는 굽이치는 통천대도의 아흔아홉 고비를 휘감는다. 운전사의 마지막인 듯한 곡예에 발을 뻗디디며 흔들리는 몸을 모아 쥔다. 또 이렇게 살아남았으니 덤인가. 목숨줄 연명하랴 질러대는 비명들 사이로 인생은 뿌리없는 평초라는 걸 실감한다.

    여름 일요일 저녁이다. 일주일 만에 드난살이 떠나오듯 싸온 보따리를 다시 챙겨 무장무장 집으로 돌아간다.

리라와디

 매년 감꽃이 떨어지면 생각났다. 재스민 향을 맡고 있노라면 또 생각났다. 양귀비니 장미니 마냥 선연히 불러주지 못했다. 그저 그 꽃으로 각인된 꽃이 내게는 있다. 십수 년이 지났지만, 그 도시를 생각하면 여전히 눈을 감고 깊은숨을 들이마시게 된다.

 전날 밤 푸껫의 바통시장에서 과음한 탓에 컨디션이 좋지 않았다. 칼칼한 국물이 당겼지만, 이국 호텔 식당에서 콩나물국이나 황탯국이 나오길 기대한다는 건 지나치지 않겠는가. 입맛을 잃어버린 나는 일행이 밥을 먹는 동안 숲으로 둘러싸인 창가에 앉아 있었다. 순간이었다. 큼직한 흰 꽃숭어리가 툭툭 떨어지는 게 아닌가. 일말의 기대를 가지고 유리문을 열고 나무 곁으로 갔다. 감꽃을 뻥튀기해놓은 듯하다. 향은 어쩌자고 이토록 아득한지. 향 멀미에 정신이 스멀스멀한 아침이었다.

 팡아만 해양국립공원으로 가려고 버스에 올랐지만, 여전히 몸이 말을 듣지 않는다. 유리창에 네댓 번 머리를 박으면서도 이따금 눈이 번쩍 뜨였다. 차가 멈출 때마다 훅훅 코끝을 스쳐 가는 향. 눈을 뜨고 보니 가로수마다 호텔 식당에서 만났던 꽃이다. 눈을 두니 발길 닿는 곳마다 지천으로 널렸다. 태국의 남서쪽 인도양 여행을 하는 내내 나와 눈이 마주쳤고 나를 설레게 했으며 나를 달구었다.

나는 푸껫을 떠나오기 전날 밤 침대에 누워 '그 꽃'을 기록했다.

'푸껫이라는 도시는 온통 스님과 개와 해산물의 도시로 남을 뻔. 적당한 어느 호텔 숲에서 나를 사로잡은 꽃을 발견. 다섯 이파리에 노란 볼 터치를 한 형상. 쌍둥이 막내를 업고 경주 불국사에 계추 가실 때 엄마의 옥색 윗도리에 매단 흰 브로치 형상. 여름방학 숙제에 찰흙으로 빚은 감꽃. 감꽃향보단 강하고 재스민 향기보단 연한 상큼한 향이 나를 깨움. 현지 가이드, 갓 취업한 한국인 가이드 그냥 씩 웃다가 끝내 가르쳐주지 않은 그 꽃.'

뜬금없이 한 편의 글이 생각났다. 몰락해 가는 양반댁의 바깥양반이 원단 장사를 하며 적어놓았다는 외상장부 이야기다.

'하얀 무명 치마에 옥색 저고리 아줌마 하얀 명주 10마
구겨진 삼베옷에 비녀 찌른 아줌마 무명 5필.'

여염집 여인네들과 눈도 마주치지 못했을, 그렇다고 양반 체면에 신상을 묻지도 못하고 기껏 원단 구입하여 돌아가는

여인네의 뒷모습을 묘사하여 장부를 만들었다는 그 양반. 꽃 이름도 모르면서 기껏 그 꽃의 이미지나 적고 잡생각이나 기록했던 나. 그나마 그 양반은 받아야 할 외상장부지만 나는 꼭 이름을 찾아 갚아야 할 외상장부가 아닌가.

혹한의 겨울 한파에 얼어 죽다 겨우 살아난 재스민이 올해도 어김없이 꽃을 피웠다. 또 '그 꽃'이 생각났다. 나는 쓰디쓴 커피 한잔을 들고 햇살 들이치는 식탁에 앉아 P수필가의 챔파꽃이라는 수필을 읽는다.

'소녀의 어깨 위에도 꽃송이가 내리고 있었다. 진한 향내가 났다. 치자 향과 재스민, 라벤더 향을 섞어놓은 것 같았다.'

나는 읽어 내려가는 순간 그만 눈이 번쩍 뜨였다. 어라! 이건 내가 기록한 그 꽃의 향이 아니던가. 빛의 속도로 챔파꽃을 검색했다. 눈앞이 환하다. 그리도 불러주고자 했지만 불러보지도 못하다 잊혀가고 있던 꽃. 태국에서는 '리라와디'로 부른다는 것도 알게 되었다. 11년이 흘렀다. 참 멀리도 돌아와 그 꽃 대신 다정하게 불러보는 그 이름. 챔파꽃, 리라와디, 플루메리아, 러브하와이.

이제야 외상장부에서 너의 이름을 갚겠구나.

언젠가 코케에서

 내게도 '인생 최고의 영화'가 있다. 압바스 키아로스타미의 〈올리브 나무 사이로〉다. 이 작품은 대체로 붉거나 초록으로 화면을 채운다. 두 빛깔만을 가진 듯 단순해 보이지만 세 번을 볼 만큼 울림이 크다. 물론 '자기애'가 좀 과했나 싶기도 하다. 잠시 옆길로 빠져보자. 나는 나를 인정하기 위해 취하는 방법으로 영화를 보여준다거나 여행을 해준다. 일종의 자신에게 주는 선물 같은 셈이다.

 늘 그래왔지만, 세 번째 보던 날 역시 마지막 장면에 매료되어 서너 번을 되감았다. 감독은 마지막 4분을 위해 스무날을 찍었다고 했던가. 참으로 이상한 일이었다. 보면 볼수록 어떤 깊은 감흥이나 다짐보다는 외려 흐리멍덩과 어정쩡 사이에 맴돌고 있는 나를 발견한다는 것이다. 놓고 싶었던 나를 놓아버렸다고 할까. 할 일은 태산인데 지구본을 꺼내 침침한 눈으로 촬영지를 찾는다. 이란 테헤란에서 북부 산악지방 쪽으로 350∽400킬로미터 떨어져 있다는 코케. 엘부르즈산맥과 카스

피해를 끼고 라슈트와 테헤란 그 사이쯤을 가늠하며 들여다보는 일은 꽤 설렜다.

나는 그날 대리만족이라도 할까 싶어 제라늄과 올리브나무 한 그루를 주문했고 다행히 오늘 오후에 도착한다는 문자를 받았다. 다시금 그 영화를 떠올린다. 가난한 소년의 모험을 다룬 〈내 친구의 집은 어디인가〉(1987)의 촬영 배경지이기도 한 곳이다. 1990년 그곳에서 대지진으로 20만 명의 실종자와 사망자가 발생했다. 감독은 내 친구의 집에 출연했던 친구들의 생사가 걱정되어 다시 코케 마을을 찾았다.

지진이라는 대재앙을 희망으로 바꾸어 줄 한 편의 영화에 사활을 걸기로 했다. 여기에서 감독은 평화와 풍요의 꽃말을 가진 올리브나무와 신혼부부를 장치로 내건다. 그야말로 영화가 영화를 만들어 영화와 다큐의 경계를 무너뜨렸다. 지진으로 주소를 잃어버리고 큰 나무 뒷집, 큰길 옆 무너진 흙집이 주소가 되어 버린 사람들.

어쩌다 살아남은 사람들은 양과 염소를 키우고 아이들은 마당에서 글을 익힌다. 그곳 주민을 상대로 신혼부부 역을 맡을 아마추어 두 명을 찾았지만 난처한 일이 생긴다. 신랑 역을 맡았던 남자가 말을 더듬는 바람에 캠프에서 허드렛일을 하던 청년으로 교체한다. 청년 호세인은 아내 역을 맡은 테헤레를 오래전부터 짝사랑해오던 터라 이보다 더 좋은 기회는 없었다.

영화는 가끔 나를 스크린으로 끌어들여 위로를 건넨다. 가령 호세인이 계단에 쪼그려 앉아 사인을 기다리는 동안 2층 난간에 시들어 가는 제라늄꽃을 보는 일. 하루 일을 마치고 숙소로 돌아온 감독과 자식 여섯을 지진으로 잃어버린 요리사와의 산책. 풀밭을 지나 널브러진 산비탈 무덤 앞에서 죽은 영혼들이 들을 수 있도록 큰소리로 '샬롬'을 외치던 장면. 답신이라도 하듯 메아리로 돌아오던 '샬롬'에서는 목이 멘다.

어느덧 마지막 촬영을 마치고 배우들은 각자의 집으로 돌아가기 위해 제작진의 차에 오른다. 테헤레가 갑자기 지름길을 알고 있다며 소품으로 가져왔던 제라늄꽃을 들고 차에서 내린다. 발목까지 오는 흰옷에 검은 스웨터를 걸치고 히잡을 두른 그녀가 무표정한 얼굴로 흙담 모퉁이를 돌아간다. 그때 모든 상황을 알고 있던 감독이 안타까운 눈으로 호세인을 쳐다보며 말했다.

"자네는 젊으니 걸어서 가게."라며 슬며시 핑계를 만들어준다. 차에서 후닥닥 내린 그는 헐떡거리는 숨을 몰아쉬며 멀어진 테헤레를 좇아가 절박한 심경을 고한다. 촬영 내내 스텝들이 차를 마셨던, 유리컵이 담긴 푸른 통과 흰 보온병을 양손에 들고 그녀의 이름을 부르며 달린다. 유리컵 부딪히는 쨍그랑 소리가 고목으로 뒤덮인 숲을 종소리로 채운다. 숲이 일렁인다.

급기야 호세인은 짐을 내려놓고 가로질러 뛴다. 뒤도 돌아보지 않고 앞만 보고 가는 여인을 향해 피를 토하듯 말을 잇는다. '조물주가 입을 줬으면 말하라고. 당신은 목석이냐.'며 뒤따른다. 이미 오래전 테헤레의 할머니로부터 '집도 없고 글도 모르고 머리가 비었어.'라며 손녀 사윗감으로는 가당찮다는 말로 열패감을 겪은 터. 그럼에도 또 고백하자니 얼마나 용기가 필요했겠는가. 아름드리 올리브나무가 숲을 이룬 사잇길로 붉은 제라늄꽃이 보였다 사라지기를 반복한다. 밥알 같은 꽃들이 무더기로 핀 벌판을 지나 지그재그 길을 오른다. 뒷전에서 가만히 응시하는 감독의 따뜻한 시선이 둘을 지켜본다.

카메라가 멀어지고 초사흘 달 같던 남자와 여자도 점으로 멀어진다. 순식간 호세인이 보름달처럼 되돌아 뛰어오며 화면을 채운다. 신이 관장한다는 사랑을 이긴 자만이 갖는 어떤 웅숭깊은 미소가 그의 얼굴을 적시며 엔딩 크레딧이 올라간다.

짝사랑이면 어떤가. 간절한 사랑 앞에 세상이 덧씌운 굴레들은 부질없다는 것을 충분히 보여주었으니 이만하면 된 게다. 〈올리브 나무 사이로〉에서 호세인과 테헤레가 걸었고 〈내 친구의 집은 어디인가〉에서 야마드가 짝꿍의 노트를 들고 뛰어올랐던 지그재그 언덕길. 언덕길은 또 다른 시작을 내포하고 있었을 것이다.

내가 여기서 애써 나의 감정을 설명하고 부각한들 작품에 빠져들었던 그날의 감정이입엔 미치지 못할 것이다. 그렇다. 딱 이쯤에서 한껏 말랑한 기분으로 떠날 수만 있다면 오롯이 나를 위한 선물일 텐데.

'나는 테헤란을 거쳐 북부 산악지방 코케 마을에 왔다. 지그재그 길을 오르고 언덕을 내려와 볕뉘 스머드는 올리브나무 숲에서「언젠가 코케에서」라는 나의 작품을 읽는 중이다.'

상상은 무죄니 좀 더 나아갈까? 하는 순간 '고객님의 소중한 상품이 도착하였습니다.'라는 알람에 여기까지만 쓴다. 현관문 밖에는 나를 기다리는 붉은 제라늄과 한 그루의 올리브나무가 있다. 이제 그들을 만나 올리브나무 숲에 들 시간이다.

라 코퀼 나폴레옹에 머물고 있는 사소한 슬픔

'저는 이제 이렇게 출발합니다.'라는 문자와 함께 지인이 사진 한 장을 보내왔다. 챙모자 눌러쓴 소년 하나가 그려진 가방 안에 책 한 권이 담겨 있는 사진이었다.

그리하여 S는 15년 전에 출간된 나의 처녀작 『사소한 슬픔』을 챙겨 기나긴 산티아고 순례길로 떠났다. 「애야 호메이 가자」라는 작품을 읽고 생각이 깊어졌다거나 파리를 떠나 몽파르나스에서 기차를 타고 떠난다는 소식을 보내온 것은 엊그제였다.

정작 순례를 떠난 것은 S인데 나는 작은 방구석에서 노트북을 펼쳐놓고 꼼짝없이 앉아서 순례자가 된다. 우린 왜 그토록 떠나고자 할까. 여기에는 숱한 대답이 마련되어 있었고, 또 그들만의 간절한 답이 준비되기도 한다. 가령 돌아올 곳이 있어서, 답답해서, 사는 게 시들해서, 현재를 즐기기 위해, 잠시만이라도 게을러지고 싶어서, 또 다른 자신을 만나고 싶어서라는 둥 그런 대답들이 돌아온다.

뻘쭘하지만 나에게 물었다. 네가 떠나는 이유는 뭐냐고. 나에게 칠해진 덧칠을 벗겨내고 싶어서라고 답한다. 아니, 아니다. 남들이 나에게 칠한 그 색이 궁금했다. 이쯤에서 무언가가 엉키기 시작했다. 따지고 보면 남이 칠한 게 아니라 내가 선택한 물감이었을 테니. 하긴 남들이 생각한 나에 대한 이미지가 과대포장 되었거나 과소평가 되었거나 그 유무를 파헤쳐보고 싶은 생각은 없다. 나는 타인이 알고 있는 나와 내가 아는 나 사이에 있는, 너인지 나인지 모를 그를 만나기 위해 떠나는 것이다.

S는 뭉게구름이 몽글한 붉은 양귀비 꽃길을 걸어간다. 하늘을 떠받치는 고목, 더 넓은 호밀밭 사이로 드문드문 돌아가는 거대한 바람개비들. 멀리 설산을 배경으로 먹구름 내려앉은 야트막한 들판을 넘어가자 광활한 포도나무밭이 펼쳐져 있다. 적당한 곡선의 들판에는 온통 샛노란 유채가 물결친다.

S는 완독한 『사소한 슬픔』을 어느 알베르게에 두고 스무날째 걷는다. 다 읽은 책은 또 다른 순례자를 위해 머물렀던 집에 두고 오는 게 산티아고 여행자들의 전통이라고 했다. 그리하여 나의 처녀작은 생장 시내에서 1마일 떨어진 언덕 위에 있다는 '라 코퀼 나폴레옹'의 어느 책장에서 또 다른 여행자의 손을 기다리고 있다.

고요하기 그지없다는 그 시골 농가가 몹시 궁금했다. 구글

지도에서 검색하고 여행자들이 남긴 후기들을 읽는다. 프랑스 비아리츠에서 45킬로미터 떨어져 있는 2층 목조주택의 필그림 하우스. 농가에 도착하면 환영의 의미로 와인 한 잔을 건네준다는 곳. 빈티지 블루와 레드 방문이 보이고 피크닉 공간으로 사용되는 발코니는 일광욕을 즐기기엔 그저 그만이다.

센스 있는 여주인 로나가 농가 근처에서 조달한 유기농 식자재로 식사와 바게트와 차를 준비한다. 돌계단과 나무 아래에는 고양이와 오리가 진을 치고 안뜰에는 서너 살 되어 보이는 아이가 검둥이 개 서너 마리와 노닌다. 위트 넘치며 친절한 프랑스 할아버지는 닭장을 돌며 달걀을 주워 들인다. 반려동물을 포획하여 전시하거나 접촉해서 즐기는 액티비티가 없다는 마을. 야생동물을 원료로 생산이나 소비 판매도 하지 않는다는 순한 사림들이 살아가는 마을.

지붕이 있는 테라스에는 갈색 목조 의자가 길게 놓여 있다. 꽤 넓은 정원을 가로지르는 창문 앞에는 연분홍 꽃을 피운 나무가 우거졌다. 오후 두세 시에 도착한 순례자들은 따뜻한 물에 샤워하고 수압 센 물에 땀 밴 옷가지를 세탁해서 넌다. 어떤 이들은 근처 호수로 카누와 낚시와 하이킹을 떠나고 어떤 이들은 빨래가 마르는 동안 포도밭 사잇길을 가로질러 와인바를 찾아 여정을 푼다. 새벽이면 수탉 소리와 창문 안을 들여다보는 당나귀 때문에 잠을 깬다는 여행자들.

나는 잠깐이지만 그 책의 여정을 생각했다. 여전히 S가 두고 온 책꽂이에 그대로 꽂혀 피레네산맥만 쳐다보고 있는 건 아닐는지. 갈색 목조 의자에 누운 누군가에게 읽히는지. 창문 밖 꽃나무 아래에서 바람이 읽어주고 있는지. 하이킹을 떠난 이의 손에 들렸는지. 별을 헤아리다 잠든 이의 품에 안겼는지. 당나귀 때문에 새벽잠이 깬 순례자의 머리맡에 놓였는지. 빨래가 마르는 동안 옥상정원에서 뒹굴고 있는지. 포도밭을 가로질러 와인바로 들어서는 여행자의 겨드랑이에 끼어 있는 것은 아닐는지.

나는 마침내 이 생각에까지 이르렀다. 알베르게가 있는 그 지역에는 지원 가능한 언어를 보니 영어와 스페인어와 바스크어와 프랑스어가 전부라고 했으니. 프랑스 할아버지가 쓸모짝에도 없는 희귀한 글씨가 적힌 책을 한 장 한 장 찢어 꽃나무 아래에서 정성스레 접는 광경. 서너 살 손자를 앞세우고 피레네산맥과 생장 시내가 보이는 언덕으로 올라가 수십 개의 종이비행기를 날리고 있을지도 모르겠다는 생각. 하긴 고행을 끝마친 누군가의 품에 들었다 한들, 종이비행기로 산맥을 넘어간들, 먼지 껴안고 바래어져 송장이 되어간들 그 책의 운명인 게지 내 알 바는 아니다.

하리

동쪽 유럽을 거닐며

  8월 9일 수요일. 잘 마른 빨래를 개켜놓고 자정이 되기 전 집을 떠나왔어. 일주일 전만 해도 그랬지. 프라하, 빈, 부다페스트 날씨를 체크하느라 여념이 없었지. 하긴 내 성격에 궁금한 게 비단 그것뿐일까마는. 암튼 떠날 때마다 부산스러워지네.
  하리!
  프라하의 대수도원 광장에 벽 하나가 있어. 그냥 벽인데 그냥 벽이 아닌 서지. 자유의 상징인 존 레논 벽에 빽빽하게 그려진 저항의 낙서들. 보이지 않는 피가 흘러. 눈 크게 뜨고 여백을 찾아 몇 자 적었지. 뭉클한 내 감정을 그대는 이해할 거야. 평화를 갈구하는 마음. 그대나 나나 추구하는 민주주의의 봄. 하리는 여기에 뭐라고 적을지 궁금하더라. 프라하의 봄은 우리에게 많은 걸 선사했어. 새빨간 앤틱카를 타고 시내를 돌아보는 일. 노천 하벨 시장에서 흠잡을 데 없는 그대의 몸매를 떠올리며 원피스를 고르는 일. 스타벅스에서 커피를 마실 수 있다는 것. 감사한 일이더라고.

8월이지만 아침은 서늘해. 한낮도 그런대로 괜찮아. 오늘은 플젠에서 맥주를 곁들여 점심을 먹었지. 일행 중에 육십 대 부부가 재혼 신혼여행을 왔더라. 잘 산다는 것은 계획대로에 답을 구하는 것만은 아니더라. 체스키크룸로프로 가는 길은 온통 해바라기와 유채로 펼쳐지고 나는 그 노란 길을 우줄우줄 따라가고 있더라. 망토 다리를 건너 내려다본 시가지는 온통 붉은색이었어. 고딕과 바로크와 르네상스 건축물이 총망라된 건물들. 건조해진 감정들이 살아나더라니깐.

이제 체코에서 국경을 넘어 오스트리아로 왔어. 이웃 마실 다니듯 말이야. 푸니쿨라를 타고 호엔잘츠부르크성에 올랐어. 선착장에서 타고 갈 유람선을 기다리는데 나무 아래에서 책을 읽고 와인을 마시고 키스를 하는 그들을 보며 환경이 주는 선입견이랄까. 이내, 아무렇지 않게 느껴지는 거야. 유람선 뱃전에 퍼질러 앉아 보는 잘츠카머구트 호수마을은 지극히 평화로운데 왜 먹먹할까. 볼프강 호수를 건너 장크트길겐 이라는 작은 마을에 왔지. 이제 모차르트의 외가로 더 유명해진 모양이야.

하리!

알지? 뼛속까지 김치와 된장으로 물든 내가 고기를 튀겨 감자와 샐러드를 곁들인 슈니첼을 먹으며 견뎌낸다는 거. 웃기지. 니글거리는 속을 달래가며 여행이 뭐라고 또 그렇게 적응

하더라고. 집집이 부조장식과 레트로 느낌 물씬한 소품 가게에서 둥근 크리스마스 식탁보와 호랑가시나무 이파리가 그려진 러너를 샀어. 은빛 리스와 붉은 오로벨을 사면서 집으로 돌아가 즐길 12월을 상상했지.

문득 그런 생각이 들더라. 말썽꾸러기 녀석들 초등학교 보내놓고 전통찻집을 배회하며 옹기 접시도 사고 광목 커튼도 사고 복고풍 감성 물씬 풍기는 쇼핑을 하던 그때가. 녀석들이 벌써 서른 중반이야. 그대도 나도 늦가을인가? 아직은 초가을? '그래, 신나게 사는 거야.' 마음먹고 또 거리를 유쾌하게 걸었어. 공동묘지와 교회가 맞붙어 있는 골목까지 왔어. 갑자기 제라늄꽃 만발한 골목이 왁자지껄해. 때마침 결혼식을 마친 신부와 신랑과 하객들이 쏟아져 나오더라. 신부의 긴 드레스에서 숭엄함과 자유가 흘렀어. 유쾌한 웃음소리는 끊이질 않고. 우리가 익히 아는 세계와는 확실히 달랐어. 한 생애의 시작과 끝이 있는 곳. 예고 없이 마주치는 이런 낯선 풍경들 때문에 어쩌면 나는 여행을 하는지도 모르겠어.

케이블카를 타고 츠뷜퍼호른 알프스에 올랐어. 육십 대 신혼부부가 준비한 와인으로 건배사도 했고. 사는 일이 생각대로 되지 않는다 해서 고통스러워할 필요는 없는 것 같아. 비가 오면 우산 장사가 웃고 해가 뜨면 양산 장사가 웃는다는 말. 살아갈수록 공감의 폭이 넓어지는 것도 근사해. 멀리 설산을 배경으로 사뿐사뿐 날아오르고 내려앉는 패러글라이딩을 보고 있자니 사는 일이 무릇 한 마리 나비의 날갯짓 같아.

이윽고 내가 만난 할슈타트. 그냥 벅찼어. 아름답다는 표현으론 부족해. 일행을 벗어나 혼자 이 골목 저 골목을 쏘다녔는데 자칫 길을 잃을 뻔했다니깐. 이제 잘츠부르크로 갈 거야. 〈사운드 오브 뮤직〉 미라벨 정원 계단에 앉았다가 고목 숲에서 웅장하게 진행되는 음악회를 만났어. 만국의 언어인 리듬감을 타며 흠뻑 빠져버렸지. 그 도시를 빠져나오기 싫더라니까. 이런 게 덤이겠지. 인간이 얼마나 유치해지는지 고결해지는지는 거품 사그라들 듯 구분이 안 가. 오후엔 〈장미의 이름〉으로 유명한 멜크 수도원에 왔어. 기억나? 어느 봄날이었지. 영화에서나 봤던 수도원이라는 곳이 몹시 궁금해 남도 남평에 있는 글라랫수도원을 갔었잖아. 그때 왜 수도원이 궁금했을까.

이제 빈으로 가는 중이야. 니글거리는 빵과 샐러드를 먹고 이른 아침 산책을 나왔어. 새벽안개 자욱한 철길을 꽤 걸었지. 축축하게 젖은 침목 위를 밟는데 사는 일이 스펀지처럼 느껴지더라. 이슬이 하얗게 내려앉은 여름꽃들 너머에 읽히는 세계 마냥. 빈의 아침이 쉼표였다면 저녁은 느낌표? 국립 오페라 극장에서 열리는 음악회도 좋았고. 벨베데레 궁전에서 클림트의 '키스'를 보고 모차르트의 결혼식과 장례식이 거행된 슈테판 대성당에서 느낀 감정들도 제법 안온했어. 흘러가고 흘러보내는 한 컷 한 컷이 외려 영원으로 이어지는 기분이 들더라. 우리의 인생이 그러하듯 말이야.

나는 다시 부다페스트로 왔어. 푸르스름한 불빛으로 물든, 와플 같은 헝가리 국회의사당을 보며 몰랑몰랑해지는 감정들이 고맙더라. 중세의 역사를 그대로 간직하고 있는 예술가의 도시 센텐드레. 옛 도시의 구시가 중심 광장에 있는 성인의 십자가. 다뉴브 강변길을 산책하며 사람을 관찰하는 일. 어쩌면 지루하지 않게 사는 내 삶의 원천이기도 하고. 홀로코스트들의 희생을 기리기 위한 수십 켤레의 신발 앞에 나는 부스스한 맨얼굴로 오래 앉아 있었어. 도나우강의 봄은 오고 있는 건지.

하리야!

꽃이 졌어. 남은 날이 적어. 벌써 12월이야. 한계에 부딪쳐. 웃을 일이 없어.

이렇듯 '많다 적다, 높다 낮다, 좁다 넓다, 결핍 호강' 이런 비유보다 하루에 충실하면 그것이 모범답안에 가깝지 않겠냐는 말. 굳이 모범이라는 말이 팩트는 아니지만, 그 지극한 보통의 말을 낯선 여행지에서 번번이 깨닫게 된다는 거. 하루하루에 정성을 다해 사는 내 친구 하리야! 이제 집으로 가야겠다. 돌아가서 캐리어를 비우고 슴슴하게 청국장을 끓이고 겉절이를 곁들여 쌀밥을 세 그릇쯤 비워야지.

서리

지중해에서

서리!

난 지금 마드리드행 비행기를 기다리며 이스탄불 공항 라운지에 앉았어. 장거리 비행이 쉽지만은 않네. 환승할 비행기가 연착이라 프라도 미술관이 문을 닫기 전 간신히 도착했어. 블랙 페인팅으로 칠해진 방에서 고야의 〈레오카디아〉라는 검은 화풍의 작품을 보는 순간 네가 떠오르더라. 뭉툭한 바위에 오른팔 팔꿈치를 기대 턱을 괸 여인의 도톰한 입술과 눈매가 몹시 울울해. 가슴 드러난 검은 드레스는 종잇장처럼 부서질 듯 입체감은 살아있지만. 이상하게 무거웠어.

그해 항구의 겨울. 눈꽃아나고회를 먹고 귀까지 꽁꽁 덮은 모자를 쓰고 아홉산 대숲을 거닐 때. 그해 산청의 여름. 나무 그늘에 앉아 먼 산을 바라볼 때. 〈헤어질 결심〉 영화를 보고 나란히 거리를 거닐면서 연신 '참 좋다'를 남발하던 그때의 네 모습도 그늘이 짙었어.

내가 포르투갈의 더 넓은 파티마 성지에 도착했을 때는 이미 어둡더라. 야외 미사와 제단에 올린 촛불로 일렁이는 빛의 물결을 봤지. 기도가 일상이 된 순례자들을 보고 있노라면 나까지 맑아지더라고.

서리!

나는 이제 리스본으로 가는 중이야. 일상을 지루하게 살던 그레고리우스가 붉은 레인코트를 입은 여인이 남긴 기차표와 책 한 권을 들고 리스본행 열차에 몸을 실었던, 독재정권에 맞서 싸우는 레지스탕스의 이야기를 다룬 영화 〈리스본행 야간열차〉의 배경이 된 그곳. 영화에 이런 대사가 있어.

"사실 인생을 결정할 순간은 종종 놀라울 정도로 사소하다."

너의 마지막을 결정한 그날도 정말 사소한 이유였어? 새처럼 날고 싶었던 거야? 아니 묻지 않을게. 이미 날아가고 없는 너에게 물어봤자 그렇지 뭐.

나는 지금 자정이 넘도록 잠들지 못해 뒤척이고 있어. 사람이 그립고 외로움에 치가 떨리면 자정이 넘어서도 아파트 놀이터를 배회하다 돌아온다던, 산이 좋아 산을 오르는 게 아니라 사람이 그리워 산을 오른다는, 빈집의 적막이 싫어 다짜고짜 현관 밖을 나선다던. 이제야 너의 그 말들이 웅숭거려 빳빳한 이불을 끌어당겨 얼굴을 덮는다.

간밤에 설친 잠이었지만 아침에 걷는 중세도시 세비야의 골목? 어떻게 좋았다고 딱히 표현하지 못하는 것은 어떤 말로도 표현이 안 된다는 거야. 부럽더라고. 몇 해 전 여름이었지? 너는 불쑥 어릴 적 살던 고향 집의 안위가 궁금하다며 수십 년 만에 고향을 찾았지. 땀 뻘뻘 흘리며 예배당과 고목과 정미소가 있던 자리를 기억하고 더듬어 찾았을 때는 이미 그 자리에 타인의 집이 우뚝 서 있었고. 허탈하게 돌아서며 씩 웃던 너의 표정. 세비야 골목을 따닥따닥 걷는 동안 겹치더라고.

서리!

나는 이제 안달루시아 지방 말라가 북서쪽으로 이동중이야. 구릉지마다 올리브 나무와 포도나무 지천인 길을 따라 협곡 위에 세워진 론다에 닿았어. 구시가지와 신시가지를 이어주는 누에보 다리를 건너 헤밍웨이가 잠시 살았던 집을 찾아왔어. 스페인 내전에서 종군 기자로 활약하며 그 경험을 오롯이 『누구를 위하여 종은 울리나』에 녹여냈잖아. 아무튼 끝난 전쟁은 없는 것 같아. 참혹함에 치를 떨고 불확실함에 피폐해지는 인간군상들은 여전히 현재진행형으로 이어지고 있으니.

헤밍웨이는 작품을 쓰면서 20여 년 후 자신이 자신에게 총을 겨눌지도 모른다고 한 번이라도 생각했을까. 엄마의 저녁밥 먹으라는 목소리도 메아리로 둔 채 놀기 바빴던 아이가 50여 년 후 자신이 나비처럼 몸을 날릴지도 모른다고 꿈에라도 생각했을까.

서리!

스페인 그라나다에 도착했어. 왕의 여름 별궁이었던 헤네랄리페 정원과 알함브라 궁전은 역시 이슬람 건축의 최고 걸작이더라. 아랍인들이 살았던 알바이신을 둘러보며 저녁을 먹고 전망대에 올라왔어. 알함브라 궁전의 불빛이 우윳빛이야. 누군 거리 공연에 춤을 추고 누군 노래를 흥얼거리는 밤. 어둠이 경계를 지워주는 밤은 공평했어. 평온했고 아름다웠어. 때론 감정적인 단어를 매치시키는 것도 나름 감자요리만큼이나 맛있더라구.

바르셀로나에서 안토니오 가우디 건축가를 만난다는 것 역시 축복이야. 카사 밀라는 전쟁으로 폐허가 된 건물이나 살점 뜯겨나간 생선 뼈 같단 생각이 들더라. 근데 왜 그리 매력적일까. 사그라다 파밀리아의 기둥과 첨탑을 보니 기도가 일상이 된 이유를 알겠더라. 구엘 공원을 한 바퀴 돌아 나오면서 그런 생각이 들더라. 한 사람이 한 도시를 먹여 살리고 있구나라는 생각.

이제 내가 애증하는 남프랑스로 가고 있어. 마르세유에서 점심을 먹고 항구를 따라 걷는 시간. 아를에서 이른 아침 원형경기장을 따라 걷는 시간. 불빛이 흘러내리는 론강을 따라 아침에도 걷고 밤에도 걸었지. 축적의 시간일까. 사라지는 시간일까. 가끔 여행이 나에게 주어진 운명 같단 생각도 들고 그래. 그렇다고 여기에서 운명이니 업보니 하는 거창한 단어가

우습겠지만.

   고흐에 대해서, 너에 대해서 왜 살아생전 젖은 땅만 밟았나 싶어 주머니에 넣어둔 휴지를 마구 구기고 있는 나를 발견했어. 하긴 누가 누굴 판단하냐. 그건 지금의 내가 가지는 잣대겠거니 싶기도 하지만. 고흐가 사랑했던 론강에서 세잔이 사랑했던 엑상프로방스에서 생것의 〈별이 빛나는 밤〉과 〈생 빅투아르 산〉을 만났어. 아를 시내를 거닐고 미라보 거리를 거닐며 별로 좋아하지도 않는 에스프레소를 마셨지만 괜찮았어. 그냥. 종종 벽돌 빠진 담벼락처럼 무너질 듯한 마음이 서늘해.

   서리!

   우리의 마지막 50대는 어떻게 마무리될까. 비스듬히 하늘을 떠받치고 있는 조형물 의자가 있는 니스 해변에 앉았어. 한기가 돌아 꽃매미 빛깔의 외투를 걸쳤어. 고요한 오후. 왼쪽으로 이어지는 대서양과 오른쪽 위로 이어지는 흑해, 아래로 이어지는 홍해, 위쪽에 있는 발트해. 이 바다를 건너면 우리가 애정했던 대한민국 7번 국도를 따라 이어지는 그 바다를 만날 수 있을까.

   명자꽃 같은 노을을 보고 마세나 광장에 왔어. 지금 니스는 카니발 축제 준비로 들떴어. 화려한 조명들과 대형 수레 인형들이 광장을 채웠어. 아마도 내가 이 도시를 떠나온 이후 마세나 광장은 눈부신 꽃가루 흩날릴 것이고 수천 관중들의 퍼레이드가 시작되겠지.

고전적인 건축 양식 즐비한 거리에서 츄레나를 먹으며 어슬렁거리는 것도 괜찮네. 갑자기 비가 오는 거야. 딱 지중해 날씨인 거지. 카페에 앉아 길 건너 즐비한 상점들과 호박꽃을 안고 가는 남녀와 채소 가게를 드나드는 이의 뒷모습을 지켜보는 것도 나쁘지 않더라고. 언제 이렇게 여행지에서 관찰자가 되어 보겠어. 내일은 니스 근교에 있는 소도시들을 둘러볼 참이야.

생폴드방스 유대인 공동묘지 입구에 있는 샤갈의 무덤은 뭐랄까. 색채의 마술사라지만 자갈로 둘러싸여 외려 흑백에 가깝더라. 나는 자그마한 돌멩이 몇 개를 주워 그의 무덤에 낮은 탑을 쌓아 놓고 왔어. 이제 프로방스 알프코트다쥐르에 있는 에즈에 왔어. 이름노 모르지만 그저 향 좋은 몇 가지 향수를 구매했어. 식물원은 왜 그리 높은 곳에 있는지. 시큰거리는 무릎과 가빠지는 숨을 차치하더라도 인간의 수명보다 더 오래 산다는 선인장들 앞에선 난 한낱 가시 같더라니깐. 수백 년 된 골목의 이끼 낀 바닥, 헛간 같은 상점, 좁은 골목을 덮은 아몬드꽃과 열매, 질서화되지 않은 자유로움. 어느 것 하나 없이 자체가 예술이 되는 골목. 오래도록 생각날 거야.

서리!

나는 이제 모나코를 마지막으로 긴 여행을 접어. 한가한 오후. 인파 속에 종종거리는 비둘기와 지중해에 핀 노란 민들레와 윤슬마저도 예사롭지가 않더라고. 일상이 일상적이지 않게 바라보는 눈. 이게 바로 여행의 매력이 아닐까. 계단에 앉아 해바라기 하다가 대성당에 들렀어. 누군가 밝혀놓은 은촛대에 피어오르는 불빛을 보며 너를 위한 기도를 보탰어. 그곳에서는 눅눅지도 자정 넘어 놀이터에도 나가지 말라고. 이제와 생각해보면 이 도시들은 나보다 네가 더 간절하게 원했던 도시들.

"나 이제 소원 풀게 되었어. 버킷리스트였던 산티아고 순례길 떠날 채비를 드디어 시작했어." 언젠가 나에게 들려주던 들뜬 네 목소리. 그러고선 얼마 후 이별의 징후도 없이 가버리다니. 이른 아침 들려온 너의 부음에 '기집애 빌어먹을'이라는 문장들이 마구 튀어나오더라고.

서리!

긴 여행이었어. 이제 좀 쉬고 싶기도 해. 산 자가 죽고 없는 예술가를 만나러 지구의 반을 돌았더라고. 그러고 보면 예술만큼 영원한 것도 없나 봐. 우리는 어떤 곳을 떠날 때 우리의 일부를 남긴다더라. 그래서 늘 그곳에 머무르게 된다고.

나는 이제 내일 아침이면 한국에 도착할 비행기에 올랐어. 2월의 지중해는 과분할 만큼 안온했어. 아몬드 흰 꽃과 오렌지 노란 열매와 올리버 나무와 초록 잎들의 난무. 정제된 도시가 아닌 곳에서, 보이지 않는 너와 함께한 시간은 실로 벅차고 고마웠어. 다정했던 친구 서리!

"인생의 그 순간으로 돌아가 다른 선택을 할 수 있다면."

여기에 물음표 넣고 너의 답을 듣고 싶지만 이미 너는 너무 먼 곳에 있잖아.

빌어먹을!